関西大学と大正ロマンの世界

―「夢の顔たち」の人脈ヒストリア―

浜本　隆志

関西大学出版部

【本書は関西大学研究成果出版補助金規程による刊行】

まえがき

関西大学は二〇一六年一一月四日に創立一三〇周年を迎えた。大学はもとよりあらゆる組織は創設時に非常に大きなエネルギーを必要とするが、それを継承・発展させることは、さらなる不断の努力が要求される。大正時代の関西大学は大阪市内の上福島から千里山へ移転し、現在の礎を築いた時代であった。本書は大正時代を軸にして、大学の発展を願って粉骨砕身した先人たちの軌跡を描いたものである。

今からみれば偉人といわれている人たちも、困難な状況のなかで信念を貫き、悪戦苦闘したことは多言を要しない。だがリーダーと目される人物は、不思議なことにその周辺にサポートするものがいて、この人脈のなかで仕事をしたものが多い。かつて松下幸之助は人材を抜擢するときに、その人の能力だけでなく、運を引き寄せられる人かどうかを判断基準にしたといわれている。こういうと、いささかオカルト的な誤解を生むおそれがあるが、それは人物に人間的な魅力、いわゆる人徳があるかどうかという言葉に置き換えるとわかり易い。

歴史上の人物でも、上昇期の豊臣秀吉は「人たらし」といわれた人心掌握術をもっていたので、天下を取ったといえる。すなわち人間的魅力のある人物の周りには、人びとが集まって助力してくれるのである。大学という組織も同様である。磁力のある大学は人を惹きつけるパワーをもち、学生だけでなく、教職員も有能な人材が集まってくる。それが大学のエネルギーとなり、発展の原動力となるのである。

本書で取り上げる人物たちも、関西大学の発展のために尽力した人びとである。かれらが人間的魅力をもっていたがゆえに、そのまわりに支える人びとが集まってきた。そのような人間を「人望」という物差しでみると、人物評価しやすい。いささか通俗的な判断基準のようであるが、サブタイトルの「人脈」とは、相互に惹きつけ合って、協力してきたつながりという意味に理解されたい。

さて、大学の理念やシンボルは学歌に込められていることが多い。関西大学学歌は一九二二年に、当時、本学文学科講師の服部嘉香が作詞し、その友人の音楽家山田耕筰が作曲して世に出たことは、大学関係者のあいだではよく知られた事実である。たしかに学歌の成立事情については、関西大学年史編纂室の記録にかなり詳しく書きしるされており、山田の前に藤井清水が作曲し、それが不採用になって山田が登場したことも記録に残っている。

この時代は大学昇格（一九二二）の直後であり、学舎は千里山へ移転し、新生・関西大学にとって、シンボル的な学歌を必要としていた時期であった。ところが広く世間を見渡せば、これは一世を風靡した有名な大正ロマンの時代と符合する。では関西大学と大正ロマンの世界は、どのようなかかわりあいをもっていたのであろうか。ここで直接クローズアップされるのは、学歌作詞者の服部、作曲者の藤井や山田たちの関係である。

服部は早稲田大学時代の若き日に、「ペチカ」や「城ケ島の雨」で知られる北原白秋や、「赤とんぼ」の三木露風らと「未来社」という同人会を作り、季刊誌『未来』を創設した文人であった。さらに童謡詩人の野口雨情、西条八十、藤井清水、ベルリンから帰国した山田耕筰も「未来社」の同人になっている。つまり関西大学学歌にかかわったのは、「未来社」同人グループの人脈で、大正ロマンの芸術潮流に深く与《くみ》した人びとであった。

服部の師である坪内逍遥、そして島村抱月（滝太郎）は、早稲田大学文学科教授として教鞭をとっていたが、かれらはヨーロッパのシェイクスピア劇、自然主義劇、そしてロシア文学などを日本へ導入し、演劇に新潮流を生みだしていた。また「未来社」の人びとは言文一致運動を起こし、詩の創作や童謡、民謡に関心を示した。同人のメンバーたちは単にそれのみならず、現代の「流行歌」ともいうべき分野に進出していった。蓄音機やレコードがまだ広く普及する前であったので、当時の「流行歌」は、歌詞と楽譜だけを印刷・出版した。しかしこれを売るためには、五線譜、歌詞のみでは地味であるので、ジャケットに目に付く情景（現代でいうイラスト）を描いてアピールをする必要があった。

そのために島村抱月は、早稲田実業にいた竹久夢二の画家としての才能を見抜き、かれを抜擢した。夢二は「セノウ楽譜」からジャケット絵をほとんど一手に引き受け、精力的に仕事をした。もの憂い抒情を醸し出す夢二の絵がもっとも典型的な大正ロマンの世界をあらわすシンボルになった。ヒットした楽譜の多くは、夢二の絵によるものであるが、現在、二八〇点ほどのジャケットの絵が確認されている。そのうち二点、「雨の泣く日は」と「夢見草」は服部嘉香作詞、藤井清水作曲、竹久夢二画のトリオの作品である。しかもそれを山田耕筰が校閲をしているので、この二点は関西大学ゆかりの作品として、近年、関西大学年史編纂室にお願いして購入していただいた。そのうちここでは、「夢見草」を本書の表紙として使わせてもらった。

このようなかかわりから、本学の飛躍期が大正ロマンの時代と深く結びついていたことがわかる。この時代に関西大学は「学の実化」の理念を確立し、それを学歌に文言として刻印したが、学歌を選定した山岡順太郎総理事、宮島綱男専務理事たちは、実業界の実学と大学の教育研究を融合させたポリシーを目指していた。本書ではその時代を基軸にして、以下においてて本学創設期から激動の二〇世紀のなかで、大学教育や大学運営に尽力した先人たちの人脈ヒストリアをクローズアップしたいと思う。

もくじ

第4章 関西大学学歌の制定

第5章　関西大学と「学の実化」

第6章　迫りくる暗雲のなかで

第1章　ロシア皇太子訪日と大津事件異聞

1－1　ニコライ皇太子の訪日

関西大学の創設賛同者のひとりである児島惟謙と、一八九一年（明治二四年）に発生した大津事件とのかかわりはよく知られた史実である。これに関してはすでに多くの著作が出版されているが、惟謙が枢密院議長の伊藤博文をはじめ、時の総理大臣松方正義、内務大臣西郷従道《つぐみち》、外務大臣の青木周蔵ら政府要人の行政側の圧力に抗して、司法権の独立を守り通したのは、関西大学でも語り草になっている。

今回はこれに屋上屋を重ねるのではなく、当時の世相と大津事件にかかわった関係者や周辺部の裏事情から、この問題の本質を考察してみたい。いわばエピソードという搦手《からめて》からこの事件の真相を読み解いていこうと思う。これは実証を旨とする歴史家のもっとも嫌う手法であるが、想い起してほしい。われわれは学校の授業で多くの歴史を学んできたが、頭に残っているのは、エピソードや裏話だけである。これは侮れないインパクトをもつ手法なのである。

ニコライ皇太子のお召艦アゾヴァ号
(6734トン、フリゲート艦)

まず事件をロシア帝国側の対日政策の力学で再検討すると、たしかに強大なロシア帝国は、極東進出政策を打ち出し、シベリア鉄道の着工を契機にニコライ皇太子の訪日が計画された。六〜七〇〇〇トン級の軍艦七隻をしたがえ、あたかも示威運動のようなこの訪日も、ロシアが極東アジアを重視し、日本に圧力をかける意図をもっていたのは事実である。

司馬遼太郎の『坂の上の雲』ではこの点を強調し、ロシア皇太子訪日時に発生した大津事件が、日露戦争のきっかけのひとつになったという見解を採っている。すなわち後のロシア皇帝となったニコライ二世は、日本人をマカーキ（猿）と蔑視したという説である。たしかに小説の展開ではその方がはるかに面白く、説得力があるからだ。

ところが被害者のロシア皇太子の日記をみれば、長崎、鹿児島訪問だけでなく、さらには大津事件後の記録でも、意外なほど親日的側面が浮き彫りにされる。ニコライ皇太子はフランス語、英語はネイティヴ並みに話せ、教養のある穏やかな人物であった。同一人物が親日から極端な反日になることは考えにくい。まずロシア皇太子が真っ先に日本の長崎を目指したのはなぜか。それには大きな理由があったので、ここで触れておこう。

日本ではあまり知られていないことであるが、長崎は江戸時代のオランダや中国の貿易港の歴史だけでなく、幕末の一八六〇年から、長崎の稲佐はロシア人の逗留を許していた。稲佐は不凍港をもたなかったウラジオストクのロシア東洋艦隊兵の冬期保養地となった。そのため毎年、多数のロシア軍人が冬にここへ逗留し、一種の「ロシア村」を形成した。稲佐はロシア軍人たちの絶大な人気を得た場所であった。というのもかれらはここで「現地妻」を物色できたからである。もちろん長崎周辺の貧しい村から娘たちも流入して、その「需要」に応えていた。このような「ロシア村」は、居留地を引き継いだ明治政府も公認し、ロシア皇太子訪日時にも存続していた。

1—2　長崎のロシア村にて

訪日の際に、皇太子はフリゲート艦アゾヴァ号の船上で「ロシア村」のことを知り、さらにピエール・ロティの『お菊さん』を読み、長崎上陸を楽しみにしていた。日記にこうある。「四月二六日　日曜日　午前中、小波のために船が少しばかり揺れた。祈禱はいつものように、午前九時半に始まり、その後フリゲート艦（アゾヴァ号）の上下のデッキを視察した。それから、日本旅行の準備のために『お菊さん』（ピエル・ロティ著、一八八七年）を読み始めた。昼食後、下に降りてドミノを楽しみ、日本産のクルミを割った」（保田孝一訳『ニコライ二世の日記』）。ここでいうクルミとは栗のことか。皇太子は当時二三歳の青年であった。

フランスの海軍士官ロティが長崎に「現地妻」をもっていたことが、皇太子の大いなる関心を刺激したのである。当局からの依頼でロシア随行員たちの接待を取り仕切ったのは、天草生まれの道永エイであった。彼女はロシア語が堪能で、ウラジオストクでも働いた経験のある美人女将で、ロシア人の間で絶大な人気を誇っていた。

通称お栄と呼ばれ、当時三一歳、社交術にも優れた彼女は稲佐の料亭「ボルガ亭」を取り仕切っていた。一八九一年（明治二四年）五月三日、午後九時四〇分、長崎へ正式に上陸する前夜のことである。お忍びでニコライ皇太子と同行してきた従兄弟にあたるギリシアのゲオルギオス親王らが、士官八名をつれて志賀の浜へ着いた。その顚末を吉村昭の『ニコライ遭難』に語ってもらおう。

お栄が単身で出迎え、波止のすぐ前にある福田甚八の別邸のロシア将校休息所に案内した。……酒宴がはじまり……別室に入ったお栄は、和服から裾の長い洋服に着かえて出てきた。……夜もふけ、諸岡マツの先導で料亭ボルガに移り、玉突き（ビリヤード）に興じ、皇太子と親王は、マツのはからいで二階にあがった。皇太子はお栄と、親王は芸妓の菊奴とそれぞれ寝室に入った。

これは小説の話だと歴史家は一笑に付すであろう。ただ吉村はきわめて綿密な史実に基づいて書くという、いわゆる「ノンフィクション作家」として知られている。かれの『戦艦武蔵』は代表作として有名である。この下世話ないきさつは吉村だけでなく、他の証言にもみられるところから、史実であると考えられる。当時お栄は皇太子からネックレスと指輪をプ

ゲオルギオス親王（左）とニコライ皇太子（右）1891年当時

レゼントされた。何もなければ、かれはこのようなものを渡すはずがない。

ニコライ皇太子の日記によると、長崎で腕に龍の彫り物を入れ、お気に入りのお土産を買ったり、お召艦に朝帰りしたりしたことも記述に残る。日本の人びとの手厚い歓迎ぶりに対し、ニコライは上機嫌で関係者に報奨金を下賜した旨が書かれている。

入れ墨については、小野友道の『いれずみの文化誌』（河出書房新社）のなかに、当時の密偵が宮内大臣に送った「公文書」（機密文書）の引用がある。

　長崎市摂津跳、野村幸三郎、大黒跳姓不詳、又三郎ノ両名ハ、連日皇太子殿下御乗船ニ御召シ入ラレ殿下ハ両腕ニ龍ノ刺文ヲ施サレ希親王殿下及士官数名モ各右両人ニ托シ刺文セラレ皇太子殿下ヨリハ弐拾五円、希親王殿下ヨリハ壱円下賜セラレ其他士官二名ヨリハ八円ヲ与ヘタル由要するにニコライ皇太子は長崎で、両腕に龍の入れ墨を彫ってもらったことは明らかである。なぜ龍の入れ墨にこだわったのか。それは若気の至りということではなく、東洋では龍が皇帝のシンボルであったからだ。とくに中国では玉座に龍の彫り物をする習慣があり、次ページに引用する清の第六代皇帝乾隆帝（在位一七三五－一七九五）の正装にも龍をシンボル化した図案がみられる。ちなみにヨーロッパでは、龍はドラゴンとして退治されるネガティヴな図案であったが、東洋ではまったく逆の意味があったのだ。

ここで興味深いのは、ロシアの国章は聖ゲオルギオス（英語名ジョージ）が龍退治をしている図案である（ソ連時代をはさんで、帝政ロシア時代の国章が現ロシア連邦のそれに継承されている）。ニコライ皇太子は双頭のワシが、東西ローマ帝国の再統一願望や、それを帝政ロシアが継承国とした深い由来のあるシンボルであること、そしてキリスト教とドラゴン退治の理由を知っていたのかどうか不明である。同行してきた皇太子の従兄弟にあたるギリシアのゲオルギオス親王は、龍退治の聖者と同名で、退治されるべき龍を彫り込むとは、見方によればこれは皮肉なエピソードである。

本書の読者にはお栄の話や龍の入れ墨のエピソードなど、この章の趣旨となんら関係のない枝葉末節のことではないかと、いぶかる方がおられるかもしれない。しかしこれらはニコ

乾隆帝と龍のシンボル

ロシアの国章

ライ皇太子の日本観、東洋観を知るうえではやはり重要なのである。教養あるかれは日本の異国情緒を味わい、少なくとも日本人を蔑視したり、日本を見下したりしてはいなかったのである。

　要するに皇太子自身は、日本人をマカーキ（猿）と呼ぶような人物ではなかったことははっきりしている。とくにそれは日記を見れば明らかであって、後述する「大津事件」が起きて負傷したニコライ皇太子であったが、この事件以降でもかれの日本観は変化していない。皇帝になった後に起きた日露戦争に対しても、ニコライ二世は消極的であった。もちろん皇帝の側近には極東南下論を展開し、日本と対決を主張する反日家がいたのは事実である。

1–3　ロシアから西郷隆盛帰朝の風説

長崎へ入国後、一八九一年五月六日に皇太子一行は鹿児島を訪問する。通常であれば長崎から下関経緯で瀬戸内海を通り、神戸、大阪、京都というルートになるはずが、奇妙なことに鹿児島へ立ち寄ることになる。ここでも一行は大歓迎を受けた。島津忠義をはじめ鹿児島の人びとは官民をあげて接待をし、薩摩焼のプレゼント（現在エルミタージュ美術館蔵）や郷土の踊りを披露して皇太子一行をもてなした。

ところがその頃、この鹿児島寄港をめぐって西郷隆盛の奇妙なうわさが広がっていた。すなわち西郷が西南戦争（一八七七年）で死んでおらず、鹿児島からロシアへ逃れ、ニコライ皇太子一行と同行して、帰朝するという話が、まことしやかに信じられていた。それが新聞に載ったり、錦絵にも描かれたりした。世間でも皇太子一行が鹿児島にわざわざ立ち寄ったのを奇異に思う人がいて、そう解釈して納得をした。

すでにニコライ皇太子来日よりはるか以前の西南戦争後でも、西郷賛美は日本国中に広がっていた。有名なところでは、幕臣であった勝海舟が「きのふまでは陸軍大将とあふがれ、君の寵遇世の覚え、たぐひなかりし英雄も、けふはあへなく岩崎の、山下露の消え果てて、

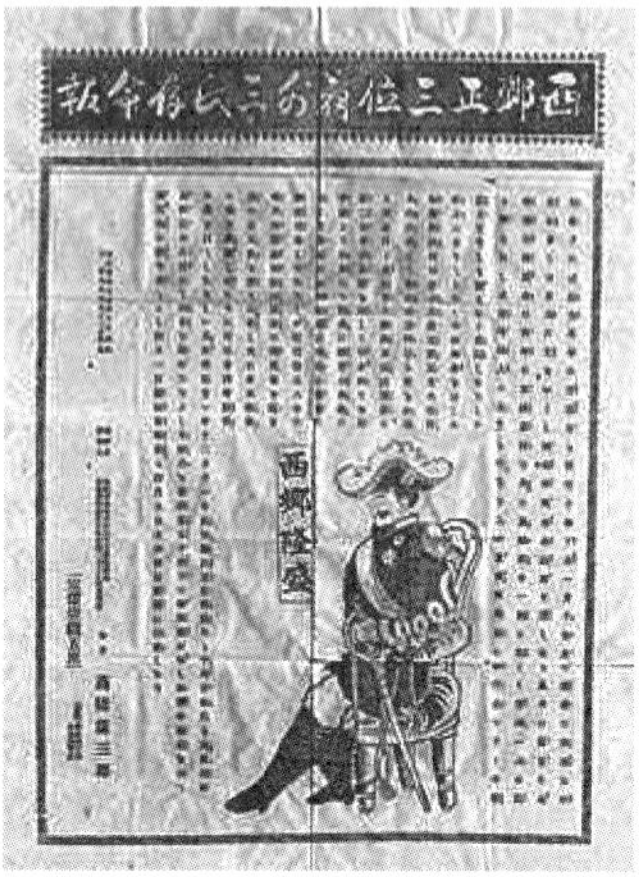

西郷生存を報じるビラ

西郷星伝説を報じるビラ

うつればかはる世の中の、無常を深く感じつつ」と追悼していた。福沢諭吉も第二の西郷の出現を望み、「西郷は天下の人物なり」と述べている。

しかし西郷の死を信じない人びとも多かった。かれらは自刃した西郷が超能力によって、西郷星となって、地球に接近してくるという「西郷星伝説」を生み出した。これは一八七七年の火星接近が背景になっており、それが「西南珍聞」として実際にイラスト化され、望遠鏡で火星を見るものまであらわれた。こうした世のなかの西郷生存願望があったので、隆盛帰朝説がまことしやかに信じられた。今でいう当時の週刊誌的メディアは、このようなうわさ話で儲けていたのである。

『写真図説「明治天皇」』―講談社より　左から三人目が西郷隆盛、四人目がニコライ皇太子

もちろんこれは風評であり、隆盛がニコライ皇太子と同行していたはずがない。ただニコライ皇太子は、ロマノフ王朝とも関係が深かったシーボルトと島津重豪《しげひで》との交流（薩摩藩八代藩主重豪はオランダ語が話せた）の話を聞き、鹿児島に関心をもったという説や、当時の内務大臣の西郷従道（隆盛の実弟）、大山巌（薩摩藩出身）をはじめ、明治政府の薩摩派が主筋にあたる島津忠義公の顔を立てるという意味において、立ち寄ったという説が有力である。ところが鹿児島への寄港が思わぬ事件を引き起こすきっかけをつくってしまったといえる。それは五月一一日に起きる大津事件の被告、津田三蔵の犯行動機とも深くかかわる問題であった。

1―4　津田三蔵という男

津田は西南戦争で政府軍に従軍し、西郷軍と激しく戦い、負傷しながらも勲章と報奨金をもらっている。津田のロシア皇太子切りつけの動機は、多くの場合、反ロシアの義憤からという攘夷論、いわゆる一種のナショナリズムによる犯行ということになっているが、近年発見された資料によると、津田は西郷生存説を信じ、帰朝するとなると自分の勲章は召し上げになりかねないと悩んでいたという。

さらに明治天皇すら西郷反乱軍を討伐した旨の報告をうけたとき、「西郷を殺せとはいっていない」と、そう発言したという風評が流布していた。事実、すでに大津事件より以前の一八八九年に、西郷隆盛は死後正三位を追贈されて、逆賊から復権している。倒幕の主導的役割を果たした隆盛が、明治天皇のお気に入りの人物であったという裏事情もある。

津田三蔵の唯一の生き甲斐は、西南戦争における勲七等であった。身分は士族、父が藩医の次男であったので、家柄にも誇りをもっていた。しかしそのこころの拠り所の存在基盤は盤石のものではなかった。西郷が勲章を追贈され、新聞でも西郷の帰朝の風説が報じられたからである。それは暗雲のように津田の頭をよぎった。このような西郷帰還の噂が一人歩き

人力車に乗るニコライ皇太子

津田三蔵

しているとき、滋賀警察の巡査として津田は皇太子の警護に当たることになった。すでにロシア皇太子一行は、フリゲート艦をしたがえ、瀬戸内海経由で五月九日に神戸に上陸していたからである。

五月一〇日は京都観光に充てられた。工芸品や名所旧跡を見物したあと、ハイライトは祇園の中村楼で舞妓・芸妓を四〇名繰り出した大歓迎会である。季節外れであるが、東山と衣笠山の大文字まで点火された。皇太子一行は上機嫌で京都の夜を満喫し、深夜にホテルに戻った。むろん翌日起こる大事件は知る由もなかった。

凶行当日、五月一一日朝、下手人となる津田は家を出るとき、妻の差し出す手弁当を受け取り、しっかり警護の任務を果たすといっていたから、最初から皇太子を襲うことは念頭になかったはずである。これは事実であろう。では当日午後一時五〇分ごろ、なにが津田を犯行に駆り立てたのか。

先述した西郷の帰朝のうわさに加え、犯行当日、警護する津田の眼前で皇太子付きのロシア側随員が大津の西南戦争鎮魂碑に無礼とも思えるふるまいをし、敬意を払わなかったのを、津田が許せないと思ったのも事実である。さらに皇太子を歓迎する大津の打ち上げ花火の音は、津田にとって西南戦争における戦場の大砲の轟音に聞こえたこともありうる。これは戦場の修羅場を経験してきた津田にとってトラウマとなって、フラッシュバックのように頭をよぎった。

ただ津田にとって不幸であったのは、職務上、サーベルという武器を携行していたことである。津田は直情型の人間で、かつて前任の勤務地で些細な事でケンカをして退職させられたという経歴があった。性格面のファクターもからみ、一瞬、西郷軍とロシア皇太子が二重写しになり、津田の頭が真っ白になった。いままでの鬱積した感情が突発的な行動となって、凶行の引き金になったといえる。その状況のなかで無意識的に抜刀し、あとは前後の見境もなく、「敵」に向かって切りつけてしまった……。

1–5　大津事件の激震

この凶行は明治天皇や政府首脳にとって、青天の霹靂《へきれき》であった。当時の大事件に狼狽した政府は、過剰反応を示した。本来、明治政府の働きかけで、訪日が実現したといういきさつもあったからである。したがって内閣はニコライ皇太子を日本の皇族と見立てて、法律にない超法規的な措置で死刑に処すべきと考えた。実際には刑法二九二条を適用すべき法を曲げて、緊急事態の事件の解決を図ろうとしたのである。その際、政府内では戒厳令の発令が検討されていた。

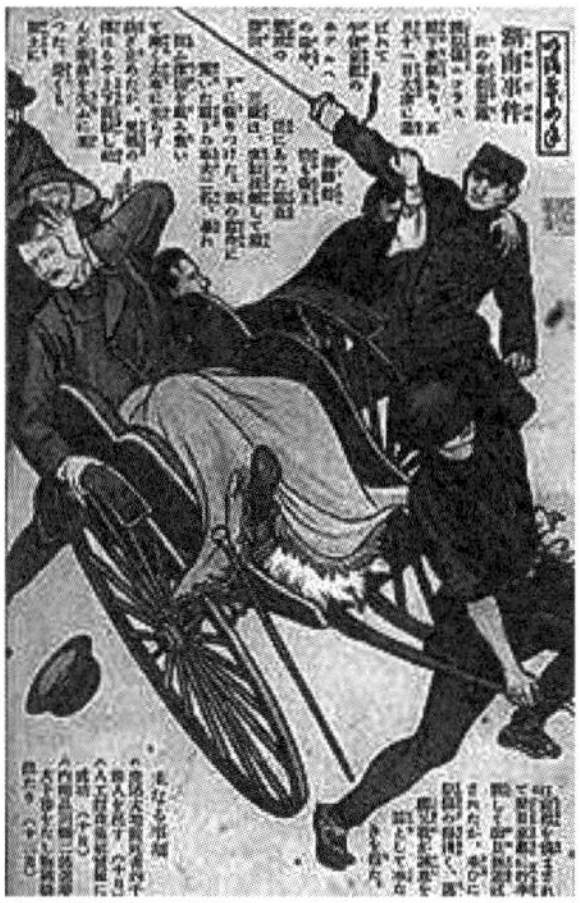

大津事件（湖南事件）を報じる新聞イラスト

日本の世論も当然、極刑を求める意見が大勢を占めていた。またニコライ皇太子の早期快癒を祈願するお参りが全国的に広がり、見舞い品が訪日のロシア艦に山のように届いた。さらに身代わりに自害する女性まであらわれた。広大な領土を有するロシアは強国で、日本は対抗すべき相手ではなかったからである。それは訪日したロシア艦を見た人びとの率直な印象であった。

　たとえばロシア軍艦アゾヴァ号、モノマツ号、ナヒモフ号と、先導する日本海軍八重山の大きさを比較しても容易にわかる。当時ロシア海軍は六〜七〇〇〇トン級の軍艦七隻を擁して、それを迎え先導する日本の軍艦が一六〇〇トン級では、その光景を見た人はとても太刀打ちできないという実感をもった。ロシアとの戦争を危惧する風潮が広がった。

　たしかにロシア公使シェーヴィッチも犯人の津田三蔵に対して極刑を要求していた。それは事前の外務大臣青木周蔵との打ち合わせで、かれが皇太子警護に万全を期すことを確約しており、万一の場合には刑法一一六条の「皇室に危害を加える罪」の適用を密約していたからだという説がある。ロシア公使の立場からすれば、それは当然の主張であったが、ただしこの密約の出処は伝聞や噂であるから、その真偽を実証するのは難しい。もし密約が文書化されておれば、シェーヴィッチはそれを根拠に日本政府に迫っただろう。しかし口頭だったのか、その文書は存在しない。

　ところが以前から、ロシア公使と青木外相の両者の関係は不仲であり、それが夫人の身分に一因があったという下世話な見解がある。つまり、大津事件の責任者の外務大臣、青木周蔵はかつてテルという女性と結婚していたが、ドイツ留学時代に知り合ったエリーザベトと結婚するために、妻を離縁した。再婚相手の彼女はドイツ名門貴族（伯爵）の令嬢であった。それに対して、ロシア公使の妻がロシアの貴族ではなかった。ドイツ人は肩書きを重視する民族であるので、自尊心の強いエリーザベトがロシア公使夫人を見下し、両者は以前からギクシャクした関係が生じたというのである（木村毅『クーデンホーフ光子伝』鹿島出版会）。

事実、皇居の宮中では各外交官は夫婦で儀礼に出席したので、顔をあわす機会は比較的多かった。大津事件をめぐる日露関係に、青木外務大臣とロシア公使の夫人たちがどこまで影響を与えたかは、今となっては推測するしかない。いずれにせよ、大津事件の背景は、多くの関係者の人間模様を映し出していた。

ただ感情や人間関係、そしてその場の空気や雰囲気に呑まれず、冷静かつ客観的に現実を見つめていた人びとがいた。児島惟謙が率いる大審院の裁判官たちである。かれらにとっては法の規範が最大の拠り所であった。それに照らして事件の現実を判断するのが司法の鉄則であることを心得ていた。法は近代的法治国家の根幹をなし、ヨーロッパ人たちはそれをキリスト教倫理や専制君主の独裁に代わるものとして、革命によって血を流して獲得したものであった。

1—6 児島惟謙と七人の裁判官

大審院側は、司法権の独立を主張した。ただし惟謙は今でいう最高裁長官の役職で、直接、判決を下したわけではないし、判決は七人の裁判官が決定した。かれは司法側の最高責任者として政府や外圧に対して交渉、調停する役割であった。ただ多くの識者は児島惟謙の英断を高く評価するが、法学者のなかには児島惟謙が行政府と交渉を図ったり、裁判官に「圧力」をかけたりしたのは、裁判制度をゆがめる行為であって、容認できるものでないという見解がある。

筆者は法制度の専門家でないのでその詳細に立ち入らないが、結果的に政府の行政権側の圧力に屈することなく、刑法一一六条を適用せずに、裁判官七人が一致して司法権の独立を勝ち得た。こうして圧力を跳ね返したのであるから、その交渉のプロセスを云々すべきものではないと考える。これによって近代日本が法治国家として、世界に認められたからである。ただ児島惟謙は時の政府首脳がこぞって死刑論を主張し、背後に天皇の「勅語」をそれとなくちらつかされたのであるから、筆舌に尽くしがたいプレッシャーを感じたはずである。

もうひとつ児島惟謙と七人の裁判官の決断の背景には、当時の薩長を中心にした藩閥政治に対する反発があったのではないか。児島は四国宇和島藩を脱藩して倒幕運動に参加したが、長州の伊藤博文、薩摩の西郷従道など薩長の元勲たちとは一線を画していた。具体的にいえば時の政府側は、松方総理、西郷内務、大山陸軍、樺山海軍の各大臣は旧薩摩藩、青木外務、山田司法大臣は旧長州藩、後藤逓信大臣は旧土佐藩出身という顔ぶれである。他方、七人の裁判官の出身のうち薩長は二名であり、それ以外は他藩である。この出身藩の構成は、藩閥政治力学では、アンチ薩長に傾き易い特徴をもっていたのである。もちろんこれは判決の背後の一ファクターに過ぎないが。

児島惟謙像（関西大学）

こうして当時の大審院の裁判官たちが、犯人津田に対する強い死刑論を排し、通常の刑法二九二条を適用し、終身徒刑（無期懲役刑）を下した。この有名な判決と、青木外務大臣の引責辞任によって大津事件は収束することになる。外務大臣の後任は明治維新のときに、新選組の土方歳三らと函館の五稜郭に立て籠もった、あの幕臣出身の榎本武揚であった。投降した榎本は維新以降、反政府運動を許され、明治政府に仕えたが、ロシア公使を務め、外国の法制度に通じていた。かれの明治政府軍との「箱館戦争」における戦いは、日本で初の共和国を目指した革命運動とも解釈できる。

この榎本も歴史をたどれば、関西大学の前身、関西法律学校の第一回卒業式（一八八九年、明治二二年）に文部大臣として招かれ、出席して祝辞を述べた。当時、暗殺された時の文部大臣森有礼の後任として、文部行政の長であったからである。もちろんその場には名誉校員として、児島惟謙や土居通夫らもいて、同じく祝辞を述べている（木下博民『通天閣』第七代大阪商業会議所会頭・土居通夫の生涯、創風社出版）。こうして多くの人脈を織り交ぜながら、関西法律学校は大阪で誕生し、明治の激動の時代のなかで、大学としての歴史を創り出していくことになる。

1–7 事件後のニコライ皇太子の日記とロシアの態度

ここで想起すべきは、第一次世界大戦のきっかけとなったサラエボの皇太子襲撃事件である。これは大津事件でも、対応を一つ間違えれば戦争になっていた危険性を暗示している。児島にとって幸いしたのは、ロシア帝国の大人の対応である。事件の五日後の五月一六日にはロシアは賠償金の請求をしない旨が伝えられ、武力による威嚇もなかった。危害をこうむったニコライ皇太子も、対日関係の悪化を危惧し、気遣いを怠らなかった。それには天皇の迅速な謝罪と、日本国民のお見舞いや回復祈願の意が大きく影響している。事件直後のもっとも強烈な印象に残っている時期の皇太子の日記の文言は以下のとおりである。

日記

五月十三日、水曜日。元気よく陽気に起床し、新しい部屋着である着物を着て散歩した。日本のものはすべて、四月二十九日（露暦で大津事件の日）以前と同じように私は気に入っており、日本人の一人である狂信者がいやな事件を起こしたからといって、善良な日本人に対して少しも腹を立てていない。かつてと同じように日本人のあらゆるすばらしい品物、清潔好き、秩序正しさを、私は気に入っている。また道を行き来する娘たちに遠くから見とれていたことを認めなければならない。（保田孝一訳『ニコライ二世の日記』）

明治天皇に対する返書

日本に来てから長崎、鹿児島、神戸、大阪、京都など、いたるところで予想以上の丁重な歓待を受け、日本国民の厚誼に感謝していましたが、図らずも一昨日の狂漢のために軽症をうけました。しかし陛下をはじめ日本国民一般の厚誼に対し、感謝の意をもっていることは負傷以前と何ら異なるところはありません。遠路はるばるご慰問を賜り感謝にたえません。上京の件は今、本国からの命令を待っているところで、上京することになったら、よろしくお願い致します。（保田孝一訳同上書）

天皇への返書で皇太子は、頭に重傷を負ったのに軽傷と表現し、天皇や日本国民を気遣う配慮をしている。また皇太子の父アレクサンドル三世も事態を鎮静化させる役割を果たした。こうしてロシア本国の対日強硬派は少数となり、事態は日ロ間の対立を回避する方向に向かった。

日本においても、大日本帝国憲法が一八八九年（明治二二年）二月一一日に公布され、大津事件の約六カ月前の一八九〇年（明治二三年）一一月二九日に施行されたことも、重要な歴史的事実である。政府は国内はもとより対外的にも、法治国家としての対面を保たざるをえなかったからである。しかし時の政府側には、児島らの司法権の独立を守ったという名声に対して快く思っていない輩がいて、その後、児島をはじめ裁判官たちに花弁（花札）賭博の疑いをかけ、かれらを辞任に追いこむというかたちで一矢を報いた。

コラム１　坂本龍馬と児島惟謙、土居通夫、五代友厚との出会い

大津事件の中心人物であった児島惟謙は、同年齢の土居通夫とは四国の宇和島藩士出身同士で、竹馬の友であった。後に大阪商業会議所の会頭となる土居は、大阪の発展に大きく寄与しただけでなく、本学設立時に名誉校員として児島と同じく名を連ねている。大阪財界にバックをもった土居は、おそらく児島の懇願もあったであろうが、関西法律学校設立の意義を認め、寄付をして財政の面で貢献した。ただしそれは同郷の誼《よしみ》だけでなく、明治時代に法律学校の果たす社会的役割を痛感していたからである。

土居が宇和島藩を脱藩するきっかけは、坂本龍馬との出会いによるとされる。一八六一年秋に土居は坂本龍馬に会っている。龍馬は当時、表向きは剣術の修行ということにしていたが、土佐勤皇党の意を受けて西日本の諸藩の動向を探るべく、才谷梅太郎と偽名を使っていた。もちろん龍馬がもっとも知りたかったのは長州藩の動向であった。尊王攘夷派の中心人物久坂玄瑞（妻が吉田松陰の妹）に会うため萩行きの途

中に、龍馬は隣国の宇和島藩に立ち寄ったのである。

土佐藩と宇和島藩は地理感覚のない人からみれば、遠いと感じるかもしれない。しかし萩行きのルートでいえば、土佐藩と宇和島藩は山を越えれば目と鼻の先である（二六ページ参照）。龍馬の有名な「脱藩の道」もその一部にあたる。宇和島藩は奥羽の伊達家の分藩で、進取の精神に富んでいたが、当時のラジカルな土佐藩より穏健で、藩主伊達宗城は討幕派と徳川との和平を中心に考えていた。

龍馬は宇和島に乗り込み、剣術修行の果し合いをおこなった。江戸の千葉道場で鍛えた北辰一刀流の使い手であった龍馬は、宇和島藩士の土居と三本勝負で、龍馬がすべて勝ったといわれる。ただし果し合いは名目のことである。龍馬だけでなく、他藩の動向を知りたかった土居も、当然、ここで土佐勤皇党の情勢を龍馬から得ることになる。では土居と竹馬の友であり、同じ多都味道場に通っていた児島惟謙は、このとき龍馬と会っていたのかどうか。

木下博民の土居通夫評伝『通天閣』（創風社出版）では、一八六一年に龍馬は土居通夫に剣道の果し合いを申し込み、試合をした。そのあと土居は龍馬の「慨世憂国の至誠、高邁卓絶の弁論」に感激し、宇和島から外の世界へ目を見開かされたとある。

ただしここには土居と龍馬の関係しか触れていないが、吉田繁の『新編児島惟謙』（関西大学出版部）ではこのとき、児島は龍馬とも面識を得たとある。

ところがこのたび先祖が宇和島藩士であった藤好洋氏より、代々伝わる『南豫遺香』（兵頭賢一著、大正七年一二月出版、非売品）を見せてもらう機会をえた。その児島惟謙の項目に「文久元年（一八六一年、筆者注）土佐に入り、坂本龍馬等の志士と交わり、西條松山の諸藩を歴て藩に皈り、尊王の大義を唱ふるも、國論容易に皈一せす、……」とある。この記述が事実であれば、おそらく児島の土佐入りは、ちょうど土佐勤皇党の結成された時期と深くかかわっていたのではないか。

土佐勤皇党は武市半平太を中心に、一八六一年八月に江戸で結成され、その後、土佐で同志を募り、一九〇人の同志のうち坂本龍馬も初期に加わっている。すなわち児島は土佐勤皇党結成の情報を知り、実情を把握するために一八六一年の夏以降、山越えをして土佐に入ったものと推定される。その後、同年秋に龍馬は土佐勤皇党の意を受けて、近隣の諸藩の動向を探るべく、宇和島入りをしたという経緯となる。したがって児島が龍馬と面識をもったのは宇和島ではなく、それ以前の土佐でということになるので、児島は当然、宇和島でも龍馬と再会していたはずである。

土居通夫

宇和島の位置［ウェヴサイト、幕末維新三百藩　城・陣屋より］

坂本龍馬

それは開明的な宇和島藩では当然のことと考えられる。龍馬とて土居、児島だけでなく、藩の幹部にも接触しており、さらには本音をいえば、龍馬は宇和島藩が国産で作り出した蒸気船の動向を探るのが目的であったからだ。宇和島藩はさらに、一八六二年に薩摩藩の脱藩者田中幸助（中井弘）も匿《かくま》い、その人脈で、土居と児島は薩摩藩の五代友厚（のちに初代の大阪商業会議所会頭、ただし現在は大阪商工会議所）とも親交を結ぶことになる。

龍馬は一八六二年に、土居通夫は一八六五年に、児島惟謙は一八六七年に脱藩して倒幕運動に参画した。なお児島は一八六五年四月に出藩（偽装脱藩）して長州、下関、長崎へ入って同年一〇月まで滞在している。ここで坂本龍馬と「再会」したのは事実であるが、ただし五代は一八六五年三月二二日にイギリス留学へ出かけているので、五代と児島はこのとき長崎で会っているわけではない。
したがって児島惟謙と坂本龍馬との関係は、通常、一八六五年に両者が親交を結んだということになっているが、それより以前に出会っていて、すでに龍馬は土居や児島惟謙の脱藩にも大きな影響を与えたものとみられる。龍馬は維新を待たずして暗殺されたが、明治維新以降、一方では土居は大阪財界で、他方では児島が法曹界で中心人物になり得たのは、旧藩に閉じこもっていたのではなく、時代の動向を見る目を養っていたからである。

なお惟謙という名前は本名ではない。児島は脱藩した時の偽名を終生使い続けた。それはなぜか。いうまでもなく脱藩の気持ちを忘れないためであった。大津事件の決断も、信念に基づくものであり、児島の人生の原点も宇和島時代の脱藩にあったといえよう。たまたま二〇一五年に卒業した筆者のゼミ生が大阪商工会議所に勤務しているが、彼女の話ではＮＨＫの連続テレビ小説『あさが来た』の五代役を演じたディーン・フジオカ人気がまだあって、とくに五代の銅像詣でが今も続いているとのことである。

第2章　関西大学と大正ロマンの世界

2―1　大正という時代

大正は明治と昭和の間に挟まれた一五年も満たない短い時代であったが、元年（一九一二）から一五年（一九二六）は、日本近代史のなかでも大きな転換期であったといえる。明治の後半になって日本は日露戦争（一九〇四―五）の勝利後、第一次世界大戦に参戦。そして戦勝国になったことで、その後、アジア大陸へ進出し、植民地主義、軍国主義への道を踏み出していった。

この間、一九一八年にロシア革命が勃発し、ソ連が成立したことは、世界史的に大きな政治的な影響をもたらした。革命派の攻撃目標となったロシア皇帝ニコライ二世は、明治時代

ロマノフ王朝のラストエンペラー、ニコライ２世

の大津事件で襲撃され、負傷したその同一人物であった。革命派からみれば、ニコライ二世は専制君主の典型であったので、打倒する目標にされた。こうして皇帝は、いわゆるロマノフ王朝のラストエンペラーとして、革命派に一族もろとも殺された。日本で彫った入れ墨の龍も、かれとともに死んだ。

ロシア革命はヨーロッパではドイツへも波及し、第一次世界大戦末期にベルリンやミュンヘンで革命運動が高揚した。そればかりかロシア革命は、日本の自由民権運動や社会主義運動に大きな刺激を与え、大正デモクラシーの時代風潮をつくりあげた。その影響によって米争動などの日本における民衆運動も発生した。これは天皇制に対して大きな衝撃と脅威になったので、「大日本帝国」はロシア革命に反対し、反革命軍を支援する目的でシベリア出兵をおこなった。その流れのなかで、日本では社会主義や無政府主義運動が弾圧され、「大逆事件」によって幸徳秋水らが処刑された。

欧米の政治的・社会的なグローバル化は、大正時代の日本へも外国文化の流入をもたらした。文学や芸術の分野では、ヨーロッパのロマン主義、耽美主義、退廃主義、ダダイズム、アール・ヌーヴォーなどの新時代の潮流が日本にも伝播した。その影響によって、平塚らいてうの『青鞜』（創刊は明治末期の四四年）に代表されるような、新しいフェミニズム運動などが生まれた。彼女の「元始、女性は実に太陽であった」という宣言は、現在でもスローガンとして輝きを失っていない。

人びとはこのようなモダニズムの時代潮流に目を見張り、外国演劇やオペラ、そして抒情の世界に酔った。しかし現実の生活が必ずしも満足できるものではなく、政治運動に走るものや虚無的な心情に陥るものも生まれた。一言でいえば、大正ロマンの時代は、文学や芸術が一部の教養階級から一般庶民へ拡大され、大衆化した時代でもあったが、しかも大正デモクラシーや社会主義運動が複合的に絡み合った特徴をもっていた。

大正ロマンの時代には、文学や演劇においては早稲田大学が中心的な役割を果たした。この大学の坪内逍遥や島村抱月たちによって、シェイクスピア劇、自然主義演劇やロシア文学などが日本に移入された。抒情詩においても早稲田大学は若山牧水、北原白秋、西条八十たちの詩人を輩出している。さらに野口雨情も早稲田に学び、中山晋平は島村抱月の書生であった。

これらの外国文学や芸術を発信した人びとは、日本文学や演劇にも十分な素養をもっていた。そこでは単なる外国文学の翻訳だけでなく、それを具体的に劇場で日本人に分かるよう咀嚼して上演し、大衆に外国劇を広めていた。また第一次世界大戦から関東大震災までには、浅草オペラや帝国劇場が一世を風靡し、まさに新しい時代の大衆化した演劇潮流をも生み出していった。

ここで大正ロマンの世界と関西大学の関係を検討する際、まず坪内逍遥、島村抱月、松井須磨子、竹久夢二について概観しておく必要があろう。というのも関西大学の学歌や授業、大学運営に大きな役割を果たした服部嘉香、宮島綱男、坪内士行らは、早稲田大学出身者で、かれらの師にあたる人びとの影響を強く受けていたからである。また服部の人脈で関西大学とつながりができた山田耕筰も、外国留学によっていち早くヨーロッパの時代精神を吸収し、かれらと深くかかわっていた。

2-2　坪内逍遥、島村抱月と松井須磨子

先述のように、大正ロマンの世界は外国文化の強い影響を受けていたが、その先鞭をつけたのは坪内逍遥（一八五九―一九三五）である。東京帝国大学を卒業後、早稲田大学講師と

して早くから西洋文学を紹介し、その翻訳を手掛けた。とくに逍遥はシェイクスピア劇を全巻翻訳したことで知られているが、最初は小説も書き、『小説神髄』、『当世書生気質』などがある。それだけではなく日本の歌舞伎や和歌、俳句にも造詣が深かった

人脈をめぐるエピソードとしては、まだ明治時代のころ、夏目漱石と親友の正岡子規らがそろって坪内逍遥の家を訪ねたことがあった。かれらを結びつけたのはフランスで外交官をやっていた加藤拓川《たくせん》（恒忠）である。拓川は正岡子規の叔父にあたり、子規の父が早く死んだので、親代わりを務めていた。拓川は東京帝国大学法科を卒業した後、フランス留学をし、ベルギー公使をも務めたヨーロッパ通であった。しかも当時、漱石が東大の学生でありながら、早稲田の講師をしていたので、坪内逍遥とも面識があったという事情もある。

坪内逍遥

かれらは逍遥の家を尋ね、意気投合して文学論を交わしたが、それが機縁となって「早稲田文学」に俳句の欄ができ、子規がそれを担当することになる。服部嘉香も正岡子規の親類で、幼い時から子規と旧知の仲であり、その影響によって俳句や詩歌の素養を吸収していた。服部も早稲田

の学生時代に逍遥の授業を受講し、人脈的に子規や逍遥の系譜のなかにいたのである。

　坪内逍遥はおもに翻訳ものを手掛けたが、それを具体的に演劇として舞台にかけ、指導的役割を果たしたのが逍遥の弟子、島村抱月（一八七一―一九一八）であった。抱月はイギリスやドイツに留学し、外国事情や演劇にも精通していた。ところが脂の乗り切ったとき、かれは女優松井須磨子と不倫の間柄になり、抱月の師、坪内逍遥の逆鱗に触れた。やむなく抱月が早稲田大学を辞任、ということになっているが、周囲の外圧や雰囲気で逍遥はこういう決着にしなければならなかったのが実情であった。そして抱月は逍遥の主宰する「文芸協会」も辞め、すべてを捨て去り、新規に「芸術座」を興した。このような事実は知られているが、当時の時代精神を展望するためには、これはやはり不可欠なエピソードである。

松井須磨子

島村抱月

「芸術座」で上演した『復活』の劇中歌として、女優松井須磨子が歌った「カチューシャの唄」や、後の流行歌「ゴンドラの唄」の作曲は、抱月の書生をしていた中山晋平がおこなった。この歌をはじめ、ヒットした楽譜の多くは、抱月が見出した竹久夢二の挿絵によるものである。ところが抱月がスペイン風邪で突然死去（一九一八）し、須磨子が後追い自殺するという一大スキャンダルが起きた。これは退廃的、かつ抒情的世相を映しだす大正ロマンの象徴的な出来事であった。

松井須磨子（一八八六—一九一九）は一九〇三年に結婚したが、婚家で姑との折り合いが悪く、一年で追い出されるようなかたちで離縁された。おそらく美人の須磨子を妬んで、姑がそのように仕向けた可能性が高い。彼女は裁縫学校で見習いをしているうちに、舞台女優を目指す。その頃に再婚をするが、舞台に専念して家事をおろそかにしたとかいうことで、ここでも離婚。勝気な彼女は女優として舞台に立ち、演劇にのめり込んでいく。

天賦の才能があったのであろうが、島村抱月の演劇論や指導によって、須磨子はたちまち人気女優になっていった。当時の女性が生きていくには大きな壁があったが、抱月の自然主義文学運動によって、須磨子は女性の生き方に目覚めた。彼女はイプセンの『人形の家』のノラのように自立しようと思った。そして一九一四年にみずからの芸術論をこう語っている。

私は女優としての誇りよりも屈辱の方をより感じて居ます。迫害せられて居ます。全体「女」というものは何の場合にも人に媚を呈さなければならないものでしょうか。……男の芸術が上に立ち女の芸術が次に立つ場合はそれで結構に納まります。けれどうかして女の芸術が上に立つ時が有るとその時程この習慣を呪いたくなることは有りません。……自分の信ずる所に向かって進もうとすると、「女のくせに生意気で有る」とか、「女が言う意見に従うのは不見識だ」とか言ってそれに反対する。……あきらめの早い芸術家ならスッパリと芸術を捨てるでしょう。……けれど私の様に親を捨て姉妹を捨ててまでしてすがった芸術――世界のあらゆるものに代えたたった一つの宝で有る。その芸術に《ママ》はなれるよりはむしろ死を選んだほうがましだと思う位ですから」（松井須磨子『牡丹刷毛』旧字や旧表記を現代表記に直した。）

これを読むと売れっ子女優であった須磨子は、芸術で身を立てていこうとしても、女性として大きな矛盾を抱えていたことがわかる。まだ男尊女卑の風潮が残る大正時代に、彼女は世間の女性蔑視に直面していた心情をここに吐露している。しかし目覚めた彼女は自立した女性として生きていこうとし、明確にジェンダーの問題を意識していた。その延長戦上に、抱月の死が引き金になり、後追い心中がおこなわれたと考えられる。しかもスペイン風邪は須磨子が先に罹り、それが抱月にうつったものであるから、残された須磨子の心痛はいかばかりであったか。師であり、愛人を死なせた思いがいやがうえにも身を責め立てていった。まさに現実がドラマのシーンと二重写しになった。

2─3　服部嘉香と「未来社」

服部嘉香（一八八六―一九七五）も逍遥、抱月の弟子で、その時代精神を吸った歌人であった。父がもともと明治政府の工部省に勤めていた関係で東京生まれであるが、服部は四歳のときに四国松山に帰った。家系は松山の旧伊予藩の藩士で、先述の正岡子規の親類筋にも当たり、子規に強い関心をもっていた。服部が子規に関するエッセイを書いたとき、女性関係に触れ、子規の妹である律に叱られたことを披瀝している。

なお彼女は司馬遼太郎の『坂の上の雲』にも、主人公秋山真之《さねゆき》の恋人として登場することで、世によく知られるようになった。なお服部は、律が二度結婚し、いずれも離婚したのは子規の看病（子規は結核をわずらい三四歳で死去）に専念したためと記述している。

正岡子規（1890年）

正岡律

服部は、夏目漱石の『坊ちゃん』の舞台として知られた松山中学を卒業後、早稲田大学の予科を経て、大学部英文科に入学した。その間、坪内逍遥、島村抱月の講義を聞いており、とくに抱月を師と仰いだ。かれの同級生には、すでに述べたように若山牧水、北原白秋、三木露風、土岐善麿ら、後に歌人として大成した錚々たる人物がいた。

服部は早稲田大学時代の若き日に、これも触れたが、北原白秋や三木露風と「未来社」を作り、多くの詩を創作した。あの若き宮島綱男（後述）でさえ、服部にラブレターの代筆を頼んだぐらいであるから、その詩才には卓越したものがあったのだろう。服部自身が同人誌の目的を『口語詩小史』のなかで、こう述べている。「『未来』は、露風を盟主とし、吾人の精神生活を限定する自然主義から脱出して、平俗の生活中にも日々失いつ、ある貴重の物を取り返し、吾人の生を無限ならしめんとする藝術活動（……）を起こす目的

1925年に服部宅での写真。左から前田夕暮、三木露風、北原白秋、服部嘉香

として結成された集団の機関紙」であると。これは当時としては革新的な口語自由詩運動と位置づけられる。「まえがき」で述べたように、白秋や露風、野口雨情だけでなく、山田耕筰もベルリンから帰国し、一九一四年に「未来社」の同人になっている。かれらは単に詩作のみならず、現代の「流行歌」ともいうべき分野に進出していった。さらに服部の師である島村抱月は、早稲田実業にいた竹久夢二の画家としての才能を見抜き、「セノウ楽譜」から出版する楽譜の挿絵の仕事を斡旋した。これについては後で触れるが、まず先に竹久夢二に目を転ずることにする。

2-4　竹久夢二と美人画の世界

大正ロマンを代表する人物といえば竹久夢二（岡山生まれ、一八八四―一九三四）であり、その「夢二式」美人画が想い起こされる。独自の画風は日本画のようであるが、モダンな様式を備え、それゆえ現代でも夢二ファンは多い。美人画は女性を対象にして、面長で弱弱しく、もの憂い表情を醸し出している。ふとみせる女性の一瞬の表情を切り取る才能は天才的といえる。たしかに一見すると現実感はあまりなく、抒情的に女性の世界を描いたというような印象を受ける。しかしそれが夢二の世界であると表層的に解釈すると、かれの本質をじゅうぶんに理解することができない。

現代では見過ごされているが、夢二は旧制神戸中学生時代にキリスト教に関心をもち、熱心に教会に通う信徒であった。中学を中退し、やがて上京して苦学しながら早稲田実業で学んだが、夢二も当時の流行《はや》りの社会主義に傾倒し、「平民社」へも出入りするようになり、反戦運動に共感した。ただし思想的にはキリスト教的ヒューマニズムからの接近であって、社会主義の筋金入りの活動家というタイプではない。やがて「大逆事件」のあおりを受け、警察からの尾行や訊問を受けたので、運動から身を引き、美人画に没頭するようになった。したがって夢二の世界は屈折しており、単純な抒情画家というわけではない。

まず有名な代表作の「黒船屋」（次ページ参照）を見てみよう。これは一九一九年（大正九年）ごろ完成した作品である。女性像は夢二独特の面長で手足の長いほっそりとした姿をし、黒船屋の屋号が意味深長に描かれ、かすかにみえる「入」は入船の一部か。顔の表情は他の夢二の作品に似ているが、よく見ると違う。すなわち色香のあでやかさではなく神々しいのである。

「黒船屋」

1911年の夢二

古風な和装の美人画であるが、物思いにふけりながら何かを追憶するような眼の表情、そして黒猫という異質なモダンな構図が奇妙に融合している。この夢二の美人画は、その奥に夢二の屈折した内面を描いているようにも思える。そう考えると、この絵の背後は奥深く、暗い闇に包まれている。では絵の成立の背景を探ってみよう。

夢二自身は一九〇七年に岸たまきと結婚し、一児を得るが、一九〇九年に離縁するものの、よりを戻してさらに二児をもうける。ところが一九一四年ごろ、夢二は一廻りも年の違う若い笠井彦乃と知り合う。裕福な商家の出の彼女は、夢二の絵のファンでもあり、女子美術学校に編入し、絵画を学ぶ。彼女は平塚らいてう張りの、世間の噂など気にしない一途な女性であった。二人は恋に落ち、京都へ駆け落ちをして同棲するが、やがて彦乃が結核にかかってしまう。心配した父親が彼女を東京へ連れ戻して入院させ、それ以降、二人は、会うことを禁じられた。

やる気をなくして腑抜けのようになった夢二に対し、周辺の人びとは気を遣い、お兼（夢二はお葉と呼んだ）という美術学校のモデルを紹介した。やがて二人は同棲することになるが、このような時期に「黒船屋」が成立した。美術史家の説明では、この図案は実際には東京本郷の菊富士ホテルで、お兼をモデルにして描いたといわれている。しかしモデル本人によると、これは自分を描いた絵ではないといっているので、夢二のイメージでは恋人彦乃を追憶していたものであったとされる。しかし彦乃は夢二と再会することなく、

夢二と彦乃

とうとう二四歳の若さで亡くなってしまった。

もう一度、絵に戻ってみよう。構図でもっとも特徴的なのは黒猫であり、女性のその抱き方である。彼女は黒猫をいとおしく抱き、猫も女性の肩に前足を置いているので、二者の間にはだれも入り込めないような一体感が生まれている。しかも長い猫の尻尾は膝を越え両脛に挟まれ、黄八丈の着物の裾が少しはだけているので、想像たくましく解釈することも可能である。いずれにせよ、この尻尾の位置関係は意味深長といえる。

その不気味で、構図として大きすぎる印象的な黒猫は、夢二の心の深層を投影したデーモン、あるいは暗闇そのものをあらわしているのではないか。したがってやはり黒猫は夢二自身と思えてしかたがない。黒い夢二と白い無垢な女性の手のコントラストは、両者の置かれていた立場の違いをあらわしている。夢二のこの絵は、結論として引き裂かれた恋人彦乃への鎮魂歌であったと解釈される。

夢二は外国文化にも通じていたので、エドガー・アラン・ポーの『黒猫』を知っていたはずである。この話は黒猫をめぐる愛憎を軸に展開し、そして黒猫の呪いは鬼気迫るものである。主人公はその呪いによって殺される。いやそればかりではない。ヨーロッパでは黒猫は魔女のアトリビュート（属性）とされ、焼き殺されていた歴史がある。アール・ヌーヴォー時代にはそれがモティーフとして好まれたことも、美術雑誌を外国から取り寄せていた夢二は良く知っていた。

では黒船屋という名前はどこから来るのか。これは夢二が東京の日本橋呉服町に「港屋絵草紙店」をもち、自分で描いた絵ハガキや、ポチ袋、イラスト用品を売る店に因んでいるとされる。そこへ永遠の恋人となる彦乃が客としてやってきたという出会いがあった。したがって黒猫や入船は意味深長な名前である。

黒船を文字どおりペリー来航と取れば、外国文化の光と影の二面性をもあらわす。夢二は先述したように、欧米の革命運動にも深い関心をもっていた。たしかに活動家になるタイプではなかったが、それでも民衆の鬱積した憎悪をよく理解していた。いわば弱弱しい女性を執拗に描いたのは、自分の恋愛体験だけでなく、民衆の悲しみを凝縮して女性に投影したものであったようにも思える。

この大正ロマンの世界は、外国文化の潮流と日本における伝統文化や大衆文化と融合したものであった。竹久夢二はそのアンビバレントな和洋折衷の時代潮流を凝視しながら、一見すると弱弱しい美人画という世界のなかに自己の内面を投影させていたのである。

コラム2　夢二と彦乃の指輪

夢二の恋は破天荒でかつ身勝手であったが、裕福な家庭で育った彦乃も新しいタイプの女性で、自分の意志を押し通そうとした。当時の娘は親のいうことを聞いて、結婚もそのとおりするのがふつうであった。その意味では彼女は、大正時代としてはめずらしい解放された女性である。彼女が結核になっていなかったら、二人はヨーロッパ旅行をする予定であった。旅費の算段までしていたから本気だったのだろう。しかし作家近藤富枝は『夢二の恋文』の序文で次のように書いている。

大正九年一月彦乃は逝く。紫緒の下駄が退院する日のためにいつも足もとにおいてあったという。夢二の死はそれより十四年後だが、彼の遺品の中にかまぼこ形のプラチナの指輪があり、それにはゆめ35、しの25と刻まれてあった。25はしの（彦乃の愛称、筆者）の死んだ数えの年である（35は本来は37）。これはいわば二人の墓碑銘のようなもので、彦乃の死んだときに自分も死んだと彼は思い、余生を捨てていたのだ。彦乃は夢二の永遠の人であった。

日本の指輪の習慣は古代の大陸文化の影響を除くと、奈良時代から江戸時代末期まで空白期が続いた。しかし明治以降、外国文化の解禁とともにこれが流入したが、日本では尾崎紅葉の『金色夜叉』(一八八九年から新聞連載開始)のなかで取り上げられ、「三〇〇円の金剛石《ダイアモンド》」の指輪にこころ動かされる、主人公の恋人お宮がクローズアップされた。

夢二はファッションには敏感であり、それはアール・ヌーヴォー、その後のアール・デコなど、当時のヨーロッパの最先端の美術潮流を追っていたからである。その延長線上に引用した指輪のエピソードがある。キリスト教に接近していた夢二は、ヨーロッパの指輪文化にも通じ、それを彦乃との結婚のシンボルとして、プラチナの指輪に自分たちの愛を昇華させたのである。

なぜプラチナなのか。ヨーロッパでは当時、一九一〇年以降、パリでアール・デコが提唱され、そのブームの予兆があった。芸術家たちは指輪にも関心を示し、材質はプラチナの結婚指輪が主流であった。それは純粋、無垢、高貴のイメージと結びついたからである。

夢二はその風潮を取り入れ、指輪の円形の永遠性とプラチナのイメージを重ね合わせた。この指輪のエピソードからも、夢二のモダンな進取の精神は、ヨーロッパの潮流をくみ取ろうとしていたことを物語る。すなわち指輪の好みは夢二の描く女性の画風にもつながり、古風な風情があるが、きわめて新しい先端性を内包していたので、そのセンスは現在でも多くのファンを魅了し続けているのである。

補足すれば、プラチナの結婚指輪は、夢二の大正時代では誰も注目する人がいなかったが、現代日本でもっとも好まれる素材である。ヨーロッパではプラチナからその後、金の指輪に人気が移るが、それは人びとの好みが豪華な黄金にあこがれる時代風潮に変化したからである。しかし日本では派手さより、プラチナの持つ奥ゆかしい白色系統の色調が好まれる。これからも夢二は美的センスにおいては、すばらしい慧眼をもっていたといえる。

2-5　楽譜ジャケットの竹久夢二と服部嘉香

大正時代には音楽の分野では、「流行り唄」といわれた「流行歌」が大衆の間に広まった。当時、北原白秋や野口雨情、三木露風らが作詞し、中山晋平や山田耕筰などが作曲していた。レコードがまだ広く普及する前であったので、歌詞と曲は、ふつう楽譜として出版されている。代金は大正時代では三〇銭程度で、比較的安いものであった。それはジャケットの絵とセットで売られたので、イメージとして挿絵画家が加わった。その表紙の大部分を描いたのが、島村抱月に推挙された竹久夢二である。

服部嘉香は関西大学へ赴任する前から、東京でこの「流行歌」の作詞にもかかわっている。とくに服部嘉香作詞、藤井清水作曲、竹久夢二画というトリオで、一九一六年（大正五年）に「夢見草」（本紙表紙カバー絵を参照）が、一九二〇年（大正九年）には「雨の泣く日は」が「セノウ楽譜」から世に出ている。

それ以外に服部は、文部省唱歌となった「牧場の朝」の作曲家船橋栄吉と組んで「二人の恋」を作詞（一九一二）しているが、原詩は不明となっている。これは筆者の知る範囲であるが、関西大学と直接関係がないからか、関西大学年史編纂室の年史記録にも載っていない事実である。

ここでは関西大学に関係深い服部嘉香作詞、藤井清水作曲、竹久夢二絵の「夢見草」と、同じトリオの「雨の泣く日は」の二点を取り上げる。「夢見草」では、夢二の画は大地を毛氈をイメージして真っ赤に塗り、萌えるような黄色い草、ブルー系深緑の着物、白黒模様の帯というインパクトのある配色がまず目に付く。さらに夢二独特の目元をほんのりとピンク色に染めた細面の女性が顎に手を当て、物思いにふけっている。両ひざを閉じているが、その足を広げ、妙に色っぽい構図で描かれている。和装と毛氈《もうせん》、葦の葉という題材は明らかに和風であるが、それとは対照的に髪型はモダンなショートカットであり、目の周辺の化粧方法も現代風である。そのコントラストのおかげで、全体のイメージは現代でも通用する新しさを感じさせる。表情がタイトルの「夢見草」にぴったりの作品で、夢二の恋愛遍歴を暗示させる、出色の出来であるといえる。なお服部の作詞は次のようである。

「夢見草」竹久夢二画

夢見草

生きては死ぬる人の世の
何面白き夢見草
酔ひもはかなしうれひある
葉話は青ざめん夢見草。

恋にもさみしなげかひの
花はしぼまん夢見草
何を慕ふて花は咲く
咲いて散ろとて夢見草。

服部の歌詞は大正ロマンの特徴を示す抒情を歌ったもので、夢二の絵と雰囲気がもっとも合致している。生と死のはざまの夢のような浮世に、花のように愁いをたたえた女性が置かれ、そして花が散るように、恋する女性もやがてこの世から消えてゆく悲しみを歌ったものである。かれらは大衆がこのような抒情の世界を求めていることを知っていた。詩や音楽、絵画も時代精神と深く結びついていたのである。いわば大正デモクラシーの閉塞感が、弱弱しい女性に共感をおぼえる心情を生み出していたのかもしれない。

出版元の妹尾幸揚は藤井清水の曲について、「『夢見草』の一篇は、作曲者が、わざと重苦しい形式を避けて、通俗小唄のような形式に作曲したもので、一般からは、かえつてよろこばれる筈のものであります。唄ひますのは、かるく、而して丁度二拍子のやうに、はづみながら行く心持です。そのほうが、民謡風に合致します」と述べている。また楽譜は最後には山田耕作が校閲したとある。（本名は耕作、一九三〇年から改名して耕筰。筆者注）

かれらのトリオは「雨の泣く日は」も世に出しており、服部の詩と夢二の絵を引用しておこう。

雨の泣く日は

雨の泣く日は草の芽の／　淡き嘆きをそゝるかな
風の泣く日は草の芽の／　あはき憂いを誘ふかな。

雪の重きに下萌えの／　生くる力はあふれたれ
降る雨みれば嘆かしく／　吹く風きけば氣は怖ちぬ。

光の国と思へども／　幸ある国と思へども
人住むことの恐ろしく／　憂ながらに芽は萌えぬ。

服部の歌詞はキーワードの新芽、生命力および春、光、希望という情景と、その対極の雨、憂い、嘆き、恐ろしさを対比した、大衆にもわかり易い内容になっている。夢二の画もその情景を素直に描いており、雨のなか、新芽がすくすくと育つ光景と対照的に、女性は愁いを秘めた表情を示している。版元の妹尾幸揚は、「悲しみをもつて唱ふべき歌であります」と解説しており、楽譜はこれも山田耕作が校閲しているとある。

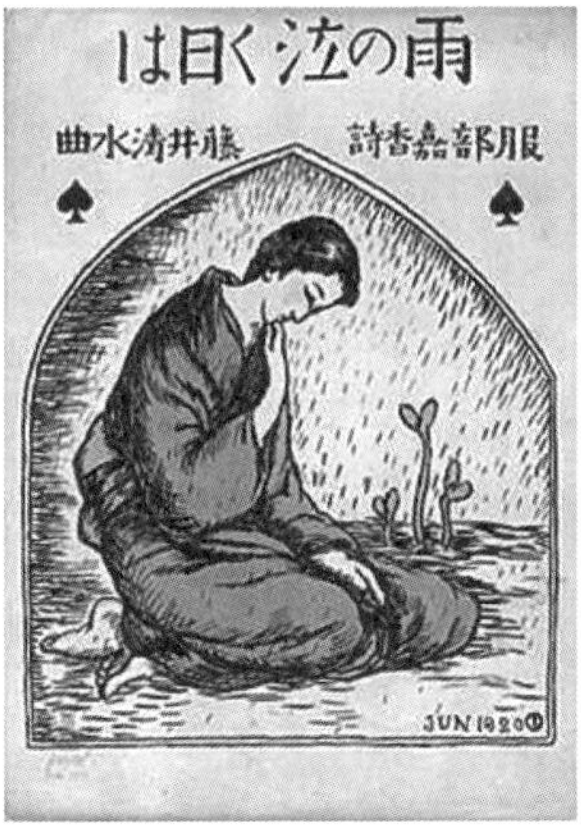

「雨の泣く日は」竹久夢二画

いうまでもなく「雨の泣く日は」は、春雨のなかで新芽が萌えだす生命の息吹と、世のなかの生きる女性の悲しみ、苦しみのコントラストを歌ったものであるが、この詩作の背景を考えているときに、ふと浮かんだのは、服部の親類にあたる正岡子規の有名な短歌である。服部は慣れ親しんだ子規の次の短歌をイメージしていたのではないか。

くれなゐの二尺伸びたる薔薇の芽の針やはらかに春雨のふる

雨、新芽、春というキーワードが類似しているので、筆者は服部がこれを作詞のイメージに借用したと解釈するのであるが、両者を比較すること自体が不適切であるという批判があるかもしれない。というのも、口語詩を標榜する服部は、わかり易い大正ロマン特有の、大衆向けの憂いの世界を描いたけれども、子規の短歌はそのような生易しいものでなかったからである。

たしかに子規は、一見すると春雨のなかですくすくと新芽を伸ばす薔薇をみつめて描写しているので、情景の具体的イメージがすぐ浮かんでくる。しかし、それは表層の世界にすぎない。短歌の内奥へ一歩踏み込むと歌の壮絶さがわかってくる。病床の子規が春の生命力溢れ、薔薇の芽が伸びる光景をわが身と対比させている。薔薇はやがて赤い花を咲かせるであろう、今はやわらかい棘は、やがて身を突き刺す硬い棘となる。美の象徴の赤い花は喀血すらも連想させるし、さらに雨は子規の悲しみをあらわす。こう考えると、自分の死の予感を織り込んだ、生命力と死の両極の鬩《せめ》ぎ合いの世界が展開されている。いやむしろ子規の生への闘いという心情を読み取ると、この歌の圧倒的な緊迫感が伝わってくる。

ヒントは子規であれそうでなかろうと、服部は雨が好きであったようだ。エッセイの「雨に想う」のなかに、次のような繊細な文章がある。


雨に濡れた障子は、夢の覚め際を思わせる。真新しい白い紙に音をたてて来るのは、夢の戸を叩く感じである。よごれた紙にどっしりと浸みて来るのは、深い眠の夢に色がついて、訝り覚める心地だ。ガラス戸に当たる雨滴はなつかしいものである。雨の訪問を明きらかにしてくれる。磨りガラスだと、一層いい。姿の見えない美しい人の来訪を想わせるとでもいおうか、磨りガラスの宿った雨滴は、ちょっとダイヤモンドの感覚だ（『早稲田の半世紀』の「雨に想う」より）

服部の得意とする抒情詩の世界は、もちろん雨のみではないが、四季の移り変わりや自然、宇宙を詠んだものが多く、歌人独特の美学が言葉のなかに込められている。ここにあるように、服部の作風が抒情の世界に本領を発揮したのは事実である。服部は単なる「流行歌」だけでなく、深いヨーロッパの素養に裏打ちされたヴェルレーヌやマラルメの詩にも通じていたのである。

第3章　早稲田騒動と関西大学の大学昇格

3−1　早稲田騒動

服部嘉香は一九一三年（大正二年）に早稲田大学講師となり、英語、作文、文学概論を教えるようになった。同じく服部の盟友宮島綱男が早稲田の経済学の教授として教壇に立っていた。それからまもなく、世にいう「早稲田騒動」が起きた。発端は一九一四年に、大隈重信が内閣総理大臣に任命され、第二次大隈内閣が発足したことに始まる。

一九一五年に大隈は、内閣改造で早稲田大学学長の高田早苗を文部大臣に抜擢した。しかし一九一六年に大隈内閣は総辞職したので、同じく大臣であった高田も辞任を余儀なくされた。その辞任後の高田を再度、早稲田大学の学長にしようとする一派と、大臣を辞めてすぐ安易に学長に横滑りをすることを是としない改革派の教授たちが対立した。後者は当時の学長の天野為之の続投を主張し、この抗争が学生を巻き込んで騒動に発展してしまったのである。これが一九一七年（大正六年）に起きた、世にいう早稲田騒動である。

学生を「主導した教授たち」はそれを「プロテスタンツ運動」と呼び、改革運動を推進しようとし、学生三〇〇〇人を動員した。しかし結果的には紛争は大学を大混乱に陥らせ、教育・研究はマヒしてしまった。その責任をとらされるかたちで、混乱を「主導した教授たち」のうち、永井柳太郎、井上欣治、伊藤重次郎、宮島綱男、原口竹二郎が罷免され、それに抗議するプロテスタンツ運動派の大山郁夫（後述）、村岡典嗣（後に東北帝国大学教授）、服部嘉香も辞任し、大学を去っていった。

このように「早稲田騒動」は学長選出をめぐる抗争とされているが、当事者のひとりである服部の『早稲田の半世紀』によると、本質的にはそうではなく、大学改革派若手教員の「プロテスタンツ運動」が、学長選出とリンクし、さらに学生自身の革新運動が絡んで思わぬ方向に進展したというのが実情のようである。

なお服部と同時期に辞めた大山は、早稲田大学経済学部を首席で卒業し、シカゴ大学に留学後、母校早稲田の若き教授として活躍し、将来を嘱望されていた人物であった。服部は盟友大山郁夫との関係を、『闘争する平和主義者、大山郁夫氏を語る』のなかで次のように述べている。

名文といえば思い出がある。大山氏が留学から帰ったのは大正三年十月で、氏のための研究室がないので、わたくしの研究室に向かい合った一席を用意して氏を迎えることとなり、特別に親しくなる機会と条件とを得たが、『中央公論』や『改造』へ書き始めた長文の寄稿は、原稿を一々私に読ますか、読み聞かせては批評を求めるので、もちろん批評などできないし、時には迷惑とも思ったが、周到且つ透徹の名文が、なんとなく楽しみ待たれるようにもなっていた。また大正五年秋から六年秋にかけての早稲田騒動には、革新派の少壮教授連から学校当局者へ出す意見書や質問書は、同室者である便宜上、大山氏とわたくしとがいつも起草委員に指定され、わたくしは大山氏のいうがまま筆録、清書する役目を勤めるに過ぎなかったが、そのどれもが、端正、徹底、辛辣の名文で、当局者は「恩賜館組の書きつけ」（恩賜館組とは、皇室の恩賜金によって建てられた恩賜館に研究室を与えられた新進気鋭のエリート教授グループのこと、筆者注）として怖れをなしていた。しかし、一時は、ぺえぺえ講師の服部が原文を草し、留学帰りの大山がこれを加筆するのだろうと想像したらしく、一度、幹事田中唯一郎が、「恩賜館組の書付けもいいが、あなたは少し書き過ぎるという評判ですから、すこしお手柔らかにしてください。」と真顔でわたしにいったことがある。図らずも名文家と見られて光栄とすべきか、大山氏のために冤罪を被ったことを恨むべきかと思ったことがある。

服部は奥ゆかしい人で自らのことをへりくだって、大山を立てているが、自身はなかなかの文筆家で、それをまわりも認めていたことが、この文章からも滲み出ている。服部は『早稲田の半世紀』のなかで、早稲田騒動にからむ辞職の状況を次のように回想している。

吾々は即夜会合し、即夜辞表を提出した。他の四教授は知らず、……宮島の罷免は誤である。「……当局に対して不信任の意志を表白せざるを得ず。」として、大山、村岡、服部が一紙に連署名したのであった。……

九月十日、村岡、服部は金子先生に呼ばれて、それぞれ涙声共に下る留任勧告を受けたが、吾々は涙を呑んで拒絶した。十月に入り、……煙山専太郎先生が私宅に来訪されて懇切に帰任を勧告されたが、これも拒絶した。……大山、村岡、宮島三君と徹宵話し会った戸山町の私宅も戦災で亡失した。すべては過ぎ去った夢である。

騒動によって罷免された五教授、それから義憤に駆られて辞任した三人は、いずれも早稲田の将来を嘱望された優秀な人材であった。ここでいう宮島は後に関西大学教授、関西大学理事長となる早稲田きっての秀才といわれた宮島綱男である。村岡は後に東北帝国大学教授、大山は早稲田教授に返り咲くが、辞職。それからも反骨精神にしたがい数奇な人生を送り、後日、本学ともかかわりをもつ。とりわけ関西大学とかかわりの深い宮島綱男と服部嘉香、大山郁夫については後述する。

なお当時、政治学科の学生であった尾崎士郎が宮島と同じ愛知県出身であった。ただし宮島は教授、尾崎は一九歳の学生であり、同じ天野派であったが、交流があったかどうか定かではない。しかし尾崎も「戦いに敗れ」て大学を去る。それの後のベストセラー『人生劇場』で「早稲田騒動」について書いているが、尾崎にとっても早稲田騒動は、人生の転機となる大事件であった。

3-2　大学昇格のいきさつ

早稲田騒動の翌年、一九一八年（大正七年）一二月六日、ときの原内閣は新たな大学令を公布し、一九一九年四月一日にこれを施行した。それまで法的には大学と認められていたのは旧帝大だけであり、その他の大学は、大学と校名を冠していても、法的には大学でなかったからである。各大学は競って大学昇格の申請を出すようになった。これがいわゆる旧制大学昇格の背景である。私立大学では早稲田、慶應義塾大学がもっとも認可が早かった。以下に戦前の認可順に時系列順で示しておく。

一九二〇年　二月　早稲田大学、慶応義塾大学
　　　　　　三月　東京商科大学（現一橋大学）
　　　　　　四月　明治大学、法政大学、中央大学、日本大学、國學院大學、同志社大学
　　　　　　六月　県立愛知医科大学（現名古屋大学）
一九二一年　十月　京都府立大学、東京慈恵会医科大学
一九二二年　三月　新潟医科大学（現新潟大学）

岡山医科大学（現岡山大学）
旅順工科大学、満州医科大学（現中国医科大学）
五月　県立熊本医科大学（現熊本大学）、龍谷大学、大谷大学、専修大学、立教大学
六月　立命館大学、**関西大学**、東洋協会大学（現拓殖大学）

一九二三年　三月　千葉医科大学（現千葉大学）、金沢医科大学（現金沢大学）、長崎医科大学（現長崎大学）

一九二四年　五月　立正大学

一九二五年　三月　駒澤大学
五月　東京農業大学

一九二六年　二月　日本医科大学
四月　高野山大学、立正大学

一九二八年　三月　大阪商科大学（現大阪市立大学）
四月　東洋大学
五月　上智大学

一九二九年　四月　東京工業大学、大阪工業大学（現大阪大学）、神戸商科大学（現神戸大学）、東京文理科大学（現筑波大学）、広島文理科大学（現広島大学）

一九三二年　三月　関西学院大学

昇格に対しては学生の期待も大きかった。関西大学でも予科の学生たちは、当時すでに認可された他大学へ転学するのを潔しとせず、奈良三笠山で決起集会を開き、一致団結して血判同盟を結んだ。これを世に「三笠山血盟事件」という。かれらは大学当局に、昇格の速やかな実現を強く要請した。

準備の整った大学は次々と申請をしたが、関西大学は一〇〇〇坪あまりの福島学舎だけでは用地が不足し、教授組織も不十分であり、さらに当時の文部省に預ける供託金の捻出にも苦慮していた。現状のままでは昇格は困難であったので、当時の大学首脳は大阪商業会議所会頭の山岡順太郎に助力を求めることになった。

年史によれば関西大学理事柿崎欽吾が、名誉校員土居通夫とのかかわりで、大阪商業会議所会頭であった山岡順太郎に大学運営に参画するように働きかけた。山岡は若き頃、十分な教育を受けられなかったので、前途有望な学生の教育に大いなる関心を示し、懇願を受け入れてくれた。山岡の本学における活躍は後述する（一一五ページ以下参照）。

その山岡のもとで秘書をしていたのが、早稲田を罷免され、来阪していた宮島綱男であった。やがて山岡が関西大学の経営に参画するようになると、宮島は一九二一年に関西大学教授に任用され、翌二二年に経営の中枢を担う専務理事に就任した。当時もうひとり柿崎欽吾も専務理事であり、かれらが大学昇格への実務的な段取りを付けた。山岡や宮島は千里山移転、そして資金調達から新しいカリキュラムなどの立案を次々に提起していった。

3-3　強力な昇格の布石を敷いた柿崎欽吾専務理事

かつて早稲田で宮島の盟友であった服部嘉香も、一九二二年の昇格の時期に本学に転任してきたが、そのいきさつを次のように述べている。

その頃、関西大学は大学令による大学設立の認可を文部省に申請する直前で、山岡順太郎氏を大学拡張後援会長として準備を進めており、中橋徳五郎氏が文部大臣であったので、両氏の関係から間違いなく認可のあることが予想されていた。宮島君はそれについて枢機に参画していて、明年を期して新しい大学教育確立のために、機構の改正、施設の拡大、授業内容の改革を行い、大阪以西の秀才は全部関西大学に吸収して大学の面目を一新したいのだ。協力してくれないかという、その意気に私は動かされた。協力といっても、……ただ命・これ従うのみであるが、宮島君を助ける意味で同意したのである。

宮島はこの時期に服部を関西大学へ招聘していることがわかるが、それも大学昇格のひとつの布石であった。なおこのなかに出てくる時の文部大臣、中橋徳五郎とは何者か。中橋は山岡と同郷の現在の金沢市に一八六一年生まれ、父は加賀藩士であった。中橋は金沢大学の前身の金澤専門学校を卒業後、東京帝国大学法科を経て官僚として働くが、一八九八年に大阪商船社長に転身した。さらにそれから国会議員に鞍替えし、時の原敬内閣の文部大臣を拝命していた。

ところが一九二一年一一月に原敬首相が暗殺されるという大事件が発生した。中橋徳五郎はしかし、その後発足した高橋是清内閣でも、文部大臣を務め、引き続き大学昇格政策を推進した。一方山岡は中橋が社長をしていた大阪商船にすでに入社しており、中橋を助けて一九一四年には大阪商船社長に就任している。年齢的には中橋は山岡より五歳年上の先輩であった。したがって中橋と山岡とは同郷だけでなく、大阪商船の社長の先輩後輩という間柄であったので二重の意味において懇意であった。これが服部のいう「両氏の関係」である。

これだけ強力な「コネ」があれば、だれの目からしても昇格は問題なしということである。このような内幕は学校教育や文部行政をゆがめる「不都合な真実」として批判する人がいるかもしれないが、歴史的真実であれば、それは事実として記述し、逆にカムフラージュしたり、隠したりすることはよくないことであると思う。

柿崎欽吾

あまりにも出来過ぎた昇格の筋書きは、先述のように当時の関西大学理事柿崎欽吾が立案した。柿崎は東京帝国大学法科出身の有能な弁護士で、本学の講師、大阪弁護士会長、そして一九二〇年から関西大学専務理事をも歴任した。柿崎は述べている。「僕は一生の思い出に、多くの青年と多くの関係者のために、関西大学の急を救うべく背水の陣を布こう。成るか成らぬか、行く処までいって、たとえ中途で倒れてもつくすだけつくせば男子の本懐だ」と。こうし

前文部大臣中橋徳五郎、来学講演会（一九二三年）当時の関西大学正門にて

てかれは大阪財界の大御所、山岡順太郎を説得し、関西大学の経営に参画させたのである。関西大学が大きな転機にさしかかったとき、先を見通せる人材が経営の中枢にいたことは幸運であった。このような人脈の連鎖が、関西大学の飛躍の礎となったのである。

関西大学の昇格は、実質的にはこうして柿崎専務理事の人望によって見通しが立った。大阪弁護士会長の人脈を活かして、山岡順太郎会頭を関西大学のトップに据えることで、すべての歯車が回転し始め、千里山移転も動き出した。それを支えたのが東京を追われ、大阪へやってきた宮島綱男や服部嘉香たちであった。若き宮島、服部らは理想に燃え、早稲田では叶わなかった真に最高の学園をつくろうとした。このような早稲田の改革派の人脈によって、関西大学の飛躍の基礎が固められていくのである。

しかしその性急な理想主義は、従来の保守的な大学関係者すべてに、必ずしも受け入れられるものではなかった。改革と保守の相克は、関西大学でも亀裂を生み出す要因になっていく。学生の側でも、千里山学舎の広くて新しい教育環境と、市内の古い狭隘な福島学舎の差は歴然としていたので、両学舎が併存していると不満が噴出してきた。その意味では千里山移転は内なる矛盾をかかえた、大事業であった。

3−4　坪内逍遥の甥・関西大学講師坪内士行と宝塚歌劇の創設

関西大学が大学昇格の準備をしているころ、もうひとつ関西文化の発展に寄与した宝塚歌劇が、奇しくも早稲田大学の人脈によって産声を上げた。これを企画したのは阪急グループの創始者、小林一三であった。山梨県生まれの小林は慶應義塾大学の出身であったが、三井銀行を経て、箕面有馬電軌（阪急電鉄の前身）の専務に抜擢された。

小林は鉄道と歌劇劇場、遊園地（箕面）、野球場（豊中）、住宅を結びつけ、私鉄の乗客の増加を目指した。文学の素養があり、芝居好きであったかれは、宝塚に劇場をつくり、「清く正しく美しく」をモットーにした少女歌劇団の創設を目指した。そのプロデューサーに抜擢したのが、早稲田大学出身の坪内士行である。坪内士行はあの坪内逍遥の養子であった。

阪急グループの創始者
小林一三

その事情を簡単に説明すると、逍遥には子どもがいなかったので、逍遥の次兄の子、士行を養子としてもらっていたのである。

　ついでに士行の経歴にも触れておくと、かれは逍遥を慕って一九〇九年（明治四二年）に早稲田大学英文科に入学し、卒業後、ただちにハーバード大学へ留学。それからヨーロッパを遊学したあと、一九一五年に帰国する。逍遥の推挙かどうか不明だが、すぐに早稲田大学文学部講師に任じられている。かれは同じ英文の服部嘉香の一年後輩で、同時期に服部講師と同僚となり、シェイクスピア演劇を講じていた。

　この経歴なら、東京を離れて関西へ移る理由は見いだせない。しかし士行は一九一九年に「阪急」の創設者小林一三の誘いで関西に移り、現宝塚歌劇団の創設時に演出家として加わっている。したがってこの来阪にはなにか裏がありそうである。実は士行が留学から帰国後に、留学時代のアメリカ人の恋人マッグラルド・ホームズがかれを追って来日し、一時同棲するのである。しかし義理の親である逍遥に結婚を反対される。アメリカ人女性はそのようなトラブルや、日本の生活にもなじめず、二年後に士行と別れ、失意のうちにアメリカへ帰国した。ここでも森鷗外の『舞姫』騒動と同じような展開が繰り広げられたのは、歴史的事実である。

士行はそういういきさつがあったので、女性をめぐる噂は東京では瞬く間に広がった。まわりから誹《とがめ》られて東京に居づらくなり、かれは結局、早稲田大学の講師を辞任して来阪したものと考えられる。宝塚へ移って、しばらくして士行は宝塚歌劇の一期生のトップスター雲井浪子と結婚した。それが逍遥の逆鱗に触れ、とうとう士行は養子縁組を解消される。

雲井浪子と坪内士行
（早稲田大学演劇博物館蔵）

逍遥自身はといえば、学生時代に東大の近くにあった根津遊郭に足繁く通い、娼妓の源氏名「花紫」となじみになっていた。かれは彼女に入れ込み、とうとう身請けし、結婚をしている。妻となった女性がどのような事情で遊女に流転したのかわからないが、逍遥が惚れ込んで身請けしただけあって、非常によくできた人であったという。逍遥も彼女をかばい続け、早稲田の学科長の役職や叙勲をすべて辞退し、彼女が人前に出なくていいように気遣った。

しかし二人の間には子がなかったので、そこで逍遥は養女を引き取って育てており、その子と士行をゆくゆくは結婚させ、後継ぎにしようと考えていた。しかし士行が逍遥の思いどおりにならず、来阪して雲井浪子と結婚したので、逍遙は堪忍袋の緒を切って、養子縁組を解消したという経緯になる。そうはいっても士行は叔父逍遥の仕事を尊敬しており、生涯、逍遥の甥をウリにしていた。

なお士行と雲井浪子の間に生まれたのが女優坪内ミキ子氏で、彼女も逍遥や士行の影響で早稲田大学の英文科出身であるが、両親ゆずりの演技で、大映の看板女優として活躍した。彼女には一時、逍遥の孫という噂がながれた。事実、大映の宣伝部がそうすれば効果が大であるので、孫という情報を流したのが真相のようである。しかし実態は、当時、彼女の父士行と逍遥は養子縁組を解消しており、逍遥は父の叔父にあたるので血のつながりはあるとはいえ「孫」ではない。

士行は宝塚に籍を置きながら、フランスの外交官クローデルの助言によって創設された関西大学文学科の講師に任じられ、おもにシェイクスピア演劇を講じた。ここで奇しくも関西大学に転任していた服部とまた同僚になるのである。いやむしろ士行の関西大学への招聘は、

志村喬（1949年、『野良犬』出演）

あきらかに服部嘉香が提案者であり、当時の専務理事の宮島も賛同した人事であった。大学昇格における講師陣の拡充という大義名分があったからである。『関西大学百年史』によると、士行の口癖は「叔父逍遥は……」であり、講義は登場人物の役になり切り、さながらシェイクスピア劇の舞台稽古を見るようで、大人気であったという。この授業は受講生が教室に入り切れず、廊下まであふれたとある。

その講義を聞いて役者になろうと決意した学生が、若き日の志村喬（芸名、本名島崎捷爾）であった。志村は演劇に熱中し、家庭の事情で学資を稼ぐために二部（夜間）で働きながら通学していたが、とうとう関西大学を中退して役者になった。それほど志村を虜にしたのであれば、坪内士行の授業は人のこころを打つ素晴らしいものであったのだろう。後に志村は映画監督の黒澤明作品などに多数出演し、渋い名優として大成したことはよく知られている。

コラム3　俳優浜畑賢吉氏と山田洋次映画監督のこと

最近（二〇一七年一月）、筆者は「俳優養成所」出身の浜畑賢吉氏との座談会に参加した。氏は「劇団四季」を長年にわたって主宰されてきたが、その演劇論を受けたまわった。役者は演技によって観客に「気」を発信し、観客はそれを受け取り、こころ豊かになる相互のメカニズムがあるという。そのため役者は「気」を高めなければならない。どうするのか。それは大自然から受け取る。氏は今年の新年をネパールで迎えたとのことである。ヒマラヤのご来光を一身で受け止め、パワーをもらった。先年は北極圏のオーロラを見に行ったが、その雄大な光景に感動したという。日本では神社へよく行って、とくにうっそうと茂った樹木の「気」を胸いっぱい吸い込む。

人間には「気」をもった人とそうでない人がいて、氏によると人物を見ればそれをすぐ読み取ることができると言い切った。だから「気」をもっていない人を避けて、「気」を奪われないように注意しているとのお説に、その場にいた二〇人ぐらいのメンバーは一瞬ぎょっとした。話が終わって、そのひとりが質問した。「わたしには

〈気〉がありますか、どうですか」と。浜畑氏はすぐ「あります」とだけ答えた。理由はいわなかったが、筆者にはそれがすぐわかった。実は寅さんシリーズで有名な山田洋次監督も、同じようなことをいったのを思い出したからだ。

もう十数年も前になるが、関西大学大学院文学研究科の集中講義に山田洋次監督をお呼びしようということになった。出講をお願いするために東京の「学士会館」で、山田監督にお目にかかった。人を包み込むような穏やかな表情の奥には、信念のような意志が伝わってきた。滲み出る「気」のようなものが、寅さんの温かい世界を生みだしたのかと感じた。大学院の集中講義の講師は引き受けていただけることになった。実際の授業は、他大学からも聴講の問い合わせが続出し、人気を集めた。

ちょうどそのころ、当時の河田悌一文学部長が新入生歓迎の講演会に山田監督を招待した。筆者も学部執行部の一員であったので、第一学舎の広い会場に同席した。山田監督は若き日の映画によせる情熱を新入生に語った。ふつう講演会では質疑応答などしないものであるが、山田監督はせっかくの機会なのでといって新入生に何か質問がないかどうか、問いかけた。すると一人の男子新入生が手をあげた。「監督の映画に寄せる情熱はよくわかりましたが、僕は大学に入ってきたものの、まだ何を本当にしたいのかわかりません。それはどうしたら見つかりますか、教えてください」と。

山田監督はあの独特の柔和な表情で、「君は偉い！この一〇〇〇人も学生がいるなかで、堂々と質問する気力はたいしたものだ。その君ならきっと自分でやりたいことを見つけることができるよ」と答えた。おそらくその新入生にとって、山田監督の言葉は一生の生きる糧となったにちがいない。浜畑賢吉氏の質問者に対する即答も、質問すること自体が「気」をもっている証拠と判断したのであろう。

本文で述べた坪内士行も演劇人としてそのことを自覚していて、関西大学の授業においても学生に大いなる「気」を発信していたはずである。受講していた志村喬はそれを受けとめ、俳優を目指す決心を固めた。そして志村がみずから高めた俳優としての「気」は、周辺の三船敏郎たちに伝播していった。とくに三船は志村を父のように慕い、志村家に入り浸った。黒沢映画の息のあった俳優たちの名演技も、このような志村の人徳が生み出したものであろう。

坪内士行を宝塚歌劇創設に抜擢したいわゆる阪急グループの創設者の小林一三も、士行の「気」を高く評価したはずである。宝塚歌劇の創設も大きなエネルギーが必要だったからだ。そればかりではない。一三も私鉄と住宅開発を結びつけたり、百貨店や遊園地を創設したりして、独自の私鉄の新しい経営戦略を打ち出した。社長としての一三も、新しいことにチャレンジし、「気」を発散していたはずである。

それは一三のひ孫で、宝塚歌劇団の往年のスター千波静を母に持つ、元テニス選手の松岡修造氏のスポーツ精神論にも、脈々と受け継がれているように思えて仕方がない。というのも松岡氏の弟子である錦織圭選手の世界に通用するテニスも、その日本人離れした精神力を継承しているからだ。

第4章　関西大学学歌の制定

4－1　学歌制定のいきさつ

大学昇格をきっかけに、新しい学歌を創ろうという機運が盛り上がってきた。すでに関西大学校歌はあったが、千里山に移転をし、新生関西大学にふさわしい学歌によって、面目を一新したかったからである。それを提案したのは総理事、山岡順太郎であるが、当時の議事録をみれば、理事会で作詞を服部嘉香、作曲を藤井清水に決定し、かれらに依頼したはずである。この人選のイニシアティヴを発揮したのは、専務理事をしていた宮島綱男であった。おそらく事前に宮島は服部にそれを相談しており、服部は懇意にしていた藤井清水を作曲者として推薦したと考えられる。

ところが、石田健一氏の「学園歌の沿革と現状をみる—その正しい継承と高揚を願って—」（『関西大学年史紀要　十八』）における指摘によれば、一九二三年九月一一日に開かれた理事会の議事録には次のような記載がある。

学歌選定ニ関スル件
従来ノ校歌ヲ廃シ左記ヲ本学学歌トシテ新鄭定ス
服部嘉香氏　作
藤井清水氏　曲
但作曲ハ更ニ之ヲ山田耕作氏に依頼ス

この議事録ははっきり学歌の成立プロセスを物語っている。まずその経緯は、服部の推挙で藤井が関西大学学歌を作曲したが、おそらく山岡と宮島たちはその曲が気に入らず、不採用という決断をしたと推測される。藤井の原曲は採用されなかったので、幻の曲ということになる。作曲者の藤井清水は、努力が報われず落胆したので、友人服部はそのことを気にし、後に学生歌を依頼するといって、かれを慰めているが、これはうやむやになってしまった。

では藤井清水という音楽家は、いかなる人物であったのだろうか。

4–2　藤井清水の幻の学歌

藤井清水（一八八九―一九四四）は現在では、ほとんど忘れ去られてしまった音楽家であるが、本学とも服部や山田を通じてかかわりあいが生まれた。呉市の医師の息子として生まれ、三歳で三味線の調律ができたというぐらい音感の鋭い天才児であった。一九一六年に東京音大（現東京藝大）を卒業し、小倉高等女学校で音楽教師をしていたが、その後、来阪して宝塚歌劇の曲も作っているので、坪内士行とも面識はあっただろう。日本調を得意とし、大正ロマンの作曲、編曲部門で一つの核をなした。とくに大正後期における新民謡運動の作詞部門では西条八十、野口雨情、北原白秋などが、作曲部門では中山晋平や藤井が担い、藤井は後の仏教音楽協会（昭和三年）でも大きな役割をはたした。

藤井清水

であるのに、藤井の曲がなぜ幻になったのか。山岡も宮島も開明派でヨーロッパの外国文化を積極的に取り入れる進取の精神に富んでいた。山岡や宮島は関西大学が先進の欧米を志向し、世界へ羽ばたいていくべしと考えていたので、学歌もそのイメージを強く望んでいた。しかし藤井は三味線を好み、民謡調の音楽を得意としていた。藤井の曲はおそらく伝統的な日本調であったので、山岡や宮島に好まれなかったと考えられる。

ただしこれは藤井の責任ではない。関西大学が置かれていた状況とのミスマッチといえよう。こういういきさつで、服部は藤井が駄目なら、友人の洋楽出身の山田耕作（以下、耕筰と表記）なら関西大学首脳の眼鏡にかなうはずだと考え、推挙したのである。

先述のように、関西大学学歌を最初に作曲した藤井清水は、先輩の山田耕筰の推挙で、合計二九曲、流行歌を作曲している。その楽譜の表紙を描いたのも竹久夢二である。最初、藤井は夢二の詩に作曲していたが、後に北原白秋、野口雨情の詩を好むようになった。竹久夢二も藤井の日本調の曲が好きで、藤井と夢二とのコンビで「わすれな草」が、雨情とのコンビでは「篠田の藪」が藤井の代表作となった。そのうちの「わすれな草」を引用しておこう。

わすれな草（詩／画：竹久夢二　作曲：藤井清水）

袂の風を　身にしめて／　ゆふべゆふべのものをもい。
野ずえはるかに見渡せば／　わかれて来ぬる窓の灯の
なみだぐましき光かな。
袂をだいて木によれば／　やぶれておつる文がらの
またつくろわんすべもがな。
わすれな草よなれが名を／　なづけしひとも泣きたまいしや。

わすれな草（竹久夢二詩／画）
藤井清水曲

ただし藤井の曲は大正ロマンの抒情の世界を歌うものであって、それは学歌メロディとは異質なものであった。その点、服部、耕筰の両コンビの学歌は、大正ロマンの土壌にありながら、その対極の世界、つまり服部のいう理想を目指し、斬新さと品格を追求したものであった。かれらは大正ロマンの抒情性と学歌を区別して対応していたのである。

4―3　服部嘉香と学歌の世界

学歌についてはこれまで何度も取り上げられ、近年では、石田健一氏が「学園歌の沿革と現状をみる　―その正しい継承と高揚を願って―」(『関西大学年史紀要　十八』)のなかに精緻に考察されているので、ここで繰り返して話題にすることもないが、服部の人脈との関係で、新たな事実と思われることも少し見つかったので、書き記《しる》すことを諒とされたい。まず歌詞については、作詞者の服部が『千里山學報六号』一九二三年(大正一二年)一月一日のなかで述べているが、少し長いので要約しながらその一部引用しておこう。

服部嘉香

服部は学歌を作詞する際に、美辞麗句、「優雅流麗」を弄するのではなく、「本學の歴史、使命、學問的権威」を「荘重明快」に作詞すべしという方針で取り組んだという。かれはまず原歌詞を創作していたが、現在の学歌と比較すると一番は、ほとんど同じであり、五節の「燦たる理想」が原詩では「遠き理想を」、最後の関西大学のリフレインがないということくらいが違いである。
　しかし二番、三番では服部の原詩に対し、かなり変更が加えられ、服部の記述を要約すると、「真理の討究」、「人格の陶冶」を軸に、「学問の実際化」、「自由の訓練」、「自治の発揮」などを盛り込むことも要請されたという。服部は「学歌は大学の憲法的表彰だから語句の生硬は免れない」として容認するが、回想の文章の行間に歌人として変更の「不本意さ」が感じ取れる。そして服部はその経緯を次のように締めくくっている。

　学歌の歌詞に付いては、山岡總理事邸で前後三圓宮島専務理事と共に三名協議をいたしました。總理事の懇切な御注意により訂正した部分も少なくありませんので、本来は總理事と私との合作ともいふべく、一層合理的に言へば、總理事、専務理事、私の合作であります。茲に私の良心の命ずる所により一言を加へておきます。

　こうして出来上がったのが、現在伝えられている学歌である。なお関西大学では校歌といわずに、学歌という伝統がある。

関西大学学歌

詞：服部嘉香　作曲：山田耕筰

自然の秀麗　人の親和
たぐいなき　此の学園
我等立つ　人生の曙に
燦たる理想を　仰ぎつつ
学ぶは一途　純正の
若き心に　讃えなん
関西大学　関西大学
関西大学　長き歴史

真理の討究　学の実化
たぐいなき　此の学園
我等有つ　潑剌の精神に
栄ある文化　創るべく

励むは一途　研鑽の
日々を楽しみ　忘れまじ
関西大学　関西大学
関西大学　重き使命

自由の尊重　自治の訓練
たぐいなき　此の学園
我等期す　人格の向上に
正義の奉仕　世に為すと
希うは一途　先進の
歩みさだかに　伝えばや
関西大学　関西大学
関西大学　高き権威

服部の作詞、山田の曲は、はるか一〇〇年前に作られたものであるが、現代においても古さを感じさせない。それは服部の透徹した詩的才能によるものといえよう。その際、山岡総理事、宮島専務理事の学歌への情熱も融合している。とはいってもそれは、同時に山田耕筰のメロディに負うところが大きかった。

4-4　山田耕筰と関西大学学歌

山田音楽の原点

一八八六年、東京生まれの山田耕筰は、父が医師であり、クリスチャンの伝道師であったが、一〇歳の時、父を亡くした。その後、キリスト教施設に入り、一三歳までそこで育てられた。すでに小学生の頃から一三歳まで、幼い山田は印刷職工として働いていた。そのエピソードを後に、講演会で関西大学の学生に紹介しているが、長いのでかいつまんで要約すると、話は以下のようであった。

小学生当時、夜、植字工として働いていたが、暗い工場のランプの灯りの下で作業中、労働の辛さと母恋しさで泣いていると、静かに燃えるランプのじりじりという音が聞こえてきた。その音を聞きながら、それにメロディをつけて、活字を拾うと大いに心が慰められた。音楽というものはこのような体験を通じてはじめて、人の心を打つ名曲ができあがるのである。

これは山田メロディの原点の吐露であった。その後、山田は長姉恒子に引き取られるのであるが、彼女はイギリス人の宣教師で教育者のエドワード・ガントレットと国際結婚をしていた。山田は姉夫婦の里子となり、当時の日本人とは異なる環境で育つことになる。それが山田の人生の方向を決定したともいえる。

ガントレット夫妻

姉夫婦に養育された山田は、ガントレットが岡山の旧制第六高等学校の教員として赴任することになり、岡山へ転居をした。かれはこの義兄から英語、速記、エスペラント語を学んだ。とくにガントレットはエスペラント語を初めて日本に導入した人物として知られているので、山田はエスペラント語学習の草分けともいえる。しかし山田にとって将来を決したのは、このガントレットから音楽の手ほどきを受けたことにあった。かれの国際性、音楽性はこのような家庭環境から生まれたといえる。

とりわけガントレットは音楽に造詣が深く、耕作に教えることをいとわなかった。まず楽譜の読み方の手ほどきをした。さらに義兄はオルガンが得意で、山田は家でその演奏を直に聞くことができ、楽譜の読み方や演奏の訓練を受けた。こうして関西へ帰ってきた山田は関西学院中等部で、礼拝のときにオルガンの演奏をするまでになった。山田はたえず外国文化の洪水のなかで生活しているようなものであり、もっとも身近に外国を感じる境遇にいた。

かれはやがて関西学院の中等部から高等部に上がったが、中退して苦学しながら東京音大（後の東京藝大）で学んだ。大学で才能を認められ、三菱財閥の総師岩崎小弥太の支援でドイツへ留学することができた。その際、すでに家庭で異文化を体験していたという意味で、かれは留学してもカルチャーショックを受けることが少なかった。

ドイツの山田耕筰

山田が渡独して二年目の一九一二年に、かれの通う音楽学校「王立音楽学院」に皇帝ヴィルヘルム二世があらわれた。その際の短い会話を山田耕筰　自伝『若き日の狂詩曲』から引いておこう。東洋人は山田一人であったので目立ち、「君は中国人か」と皇帝に声をかけられた。山田は「いえ日本人でございます、陛下」と答えると、皇帝は「日本人と音楽、ふしぎだ」といった。「ドイツをどう思う」、「素晴らしいと思います」、「そうかしっかり勉強することだ！」と。山田は皇帝から励ましの言葉を賜ったとコメントしている。

しかしこの山田の記述の背後に、皇帝の「黄禍論」がなかったとはいえない。第一次大戦前に皇帝は日本や中国を念頭に、黄禍論を標榜し、物議を醸していたからだ。皇帝は何故山田の前で立ち止まり、中国人かと聞いたのか。皇帝のいったJapaner und Musik！Aber komisch.を、山田は「日本人と音楽、ふしぎだ」と訳しているが、後半のニュアンスは「ふしぎ」ではなく、「それにしてもおかしい」という意味で、「日本人なんかに音楽ができるか」といっていると解すべきであろう。そうだとすれば、皇帝の科白の「しっかり勉強することだ」も皮肉な響きを帯びてくる。

皇帝ヴィルヘルム二世は、みずからぶち上げた「黄禍論」の対象とした中国人と日本人を、自分の目で確認しようとしたのではないか。そうでないと立ち止まって質問するはずがない。表面上は山田がそつなく答え、皇帝もうまくやり過ごしているようにみえるが、皇帝の胸の内では、「こいつが日露戦争で勝った日本人の面《つら》か」という風に、この対話から皇帝の心理

皇帝ヴィルヘルム二世

ベルリン留学時代の婚約者ドロテアと山田耕作（1912年）

を分析して、つい穿った見方をしてしまう。

音楽家山田はあの有名な皇帝の髭より、「砂利場に鉄板を引きずり廻すようなガラガラ声を想い出す」と述べているが、この皇帝は何かと話題の多い人物であった。先代ヴィルヘルム一世に仕えたビスマルクを失脚させ、第一次世界大戦で自らが退位させられ、オランダに亡命したことで知られる。ナチス風の見方では、こうしてドイツ第二帝政が終焉を迎え、ヒトラーの第三帝国が一九三三年に発足するのである。

山田はベルリン時代に下宿先のシュミット家のドロテア（愛称テア）にドイツ語を習っている。家主は元大学教授であったが、すでに退職していた。やがて山田とテアの二人は恋に落ち、婚約をした。その写真が残っているが、それでも山田は国際結婚に臆病になっていた。というのは自分の姉と義兄に当たるガントレットの国際結婚を見て、その苦労を知っていたからである。ただし姉夫婦にはキリスト教の信仰による共通の絆があったので、まだいろいろな障害を乗り越えていくことができた。

たしかに山田が記述しているように、テアが山田に示した誠実さは筆紙につくし難いもので、彼女は献身的に山田の世話をしたというのは事実であろう。けれども山田は、婚約から結婚に踏み切ることができず躊躇した。そうこうするうちに、山田はベルリンからシベリア経由で帰国することになった。駅のホームに見送りにきたテアは肩を震わせて泣いていた。自伝ではそれだけしか別れの記述がない。山田の後ろめたい気持ちが筆を滞らせたのか？それが二人の永遠の別れとなり、その後、山田とテアは二度と会うことはなかった。

関西大学と山田耕筰

山田耕筰はベルリン音楽学校作曲科で三年間学び、現場の西洋音楽に接しながら、オペラやシンフォニーを作曲し始めた。帰国後、東京フィルハーモニー会を結成し、日本の音楽界に大きな影響を与えるようになった。山田はその後、日本人女性と結婚したが、妻以外の女性との交際が出資者の岩崎小弥太に知れ、激怒した三菱財閥の岩崎は東京フィルハーモニー会の援助をやめたので、楽団はつぶれてしまった。山田はそれを乗り切り、後にベルリンフィルの指揮者にもなり、日本屈指の作曲家として大成した。

山田が服部の主宰する「未来社」の同人になったことはすでにふれた。そのかかわりで山田は関西大学の学歌を作曲することになった。服部からの要請を受けた山田は、大学の雰囲気、依頼者の要望を確認するために来校したが、その場に立ち会った服部はこう語っている。

……首脳者の前で山田君は「法学博士が二、三人寄り合って作ったような歌ですね」とずけずけいう。わたくしは内心慧眼に驚きながら「僕が作ったのですよ」というと、「何、君か」と、いささか呆れ顔であった。でも第一節は完全にわたくしのものであり、全体として名曲に救われたことはうれしく、早大、明大、関西大学の三校歌が三大名曲ということになっている（『千里山學報六号』）。

こうして学歌の歌詞を見せられ、山田は作曲に取りかかった。完成した服部、山田の両コンビの学歌は、時代が大正ロマンの色恋の土壌にありながら、その対極の潑剌とした世界、服部のいう希望に燃えた青年が理想を求める、若々しさ、斬新さを追求したものであった。

たしかに服部が認めているように、洋楽を学んだ山田の曲には、服部も含めて大学首脳も

左上は山田自筆の楽譜、その下は服部の自筆の歌詞、右は歌唱指導に来学した山田

満足したようである。いわば山田は、ヨーロッパ音楽と日本音楽の両刀使いであったが、依頼者が何を望んでいるかをすぐさま理解した。事実、明治大学校歌、同志社大学、関西学院大学の各学歌も山田の作曲である。それ以外、大学だけでなく、高校、中学、小学校にいたるまで、多数の校歌を作曲していることから、かれはどのようなテンポ、メロディ、雰囲気が学歌や校歌にふさわしいか、じゅうぶん熟達していたのである。いずれにせよ、服部の人脈によって本学の学歌が誕生することになる。なお全国高等学校野球選手権大会（甲子園）の入場行進曲も山田の作曲である。

山田は作曲や各地での実地の歌唱指導の際に、とくに詩と曲のシンクロを重視している。

関西大学でも山田は一九二三年一一月五日に、学歌の歌唱指導をしたが、その折に、二番の「学の実化……」は学歌にかぎり「実化」(ジツゲ)と発音させ、三番の冒頭の「自由の訓練　自治の発揮……」は、服部自身の言葉を借りれば「語句の生硬」のため、後に歌いやすいように、「自由の尊重　自治の訓練」に変更されている(『関西大学百年史　通史編』参照)。

いずれにせよ、服部、山田のコンビのおかげで、学歌はおもに入学式、卒業式などの儀式にグリークラブとともに歌われ、大学学歌では「三大名歌」のひとつとして、在学生、校友の心のなかに刻み込まれ、現在まで伝承されているのである。

さて、一九二四年九月発行の『千里山学報』第二二号には、山田耕筰がみずから関西大学学歌をレコードに吹き込んだことが報じられていた。

本学学歌の作曲者山田耕作氏は、這般特別の好意を以て本学の請を容れ同学歌をレコードに声写された。ここに同氏の懇情に対し深く謝意を表する次第である。因に該レコードは固より非売品ではあるが、極く少数の枚数を限り、希望に依り特に本学関係者に頒つことにしている。

これはレコード吹き込みを示す歴史的事実であったが、限定販売であったので、これまで現物が見つからず、関西大学では長い間幻のレコードとされていた。しかし二〇一三年になって偶然、現物が発見され、年史編纂室に保存することができた。その原版をもとに、現在年史編纂室のホームページに音源が収録され、希望者は山田耕筰自身の生の声を、自由に聞くことができるようになった。

なお服部は山田耕筰が一九六五年に死去した翌年、以下のような追悼文を『関大』（一九六六年）に載せている。

『赤とんぼ』『待ちぼうけ』『からたちの花』『この道は』などのすぐれた歌曲は、大正生まれの日本人ならば、幼児、青春、壮年にかけて必ず何度か歌ったであろうし、耳にしたであろうであろうから、日本人のことごとくが、山田氏によって歌心が養われたことになる。その音楽の親が死んでしまったのである。

すでに述べたように、服部は関西大学学歌だけでなく、流行歌も「セノウ楽譜」で山田と一緒に手掛けた。詩と音楽の専門領域は違っても、服部の追悼文には大正から昭和にかけて、同時代の空気を吸って生きてきた仲間の死を悼む気持ちが簡潔に述べられ、服部が山田に敬意を払っていたことがよくわかる。

4－5　関西大学教授・専務理事宮島綱男

宮島綱男は愛知県出身で、父は地方議員を務めた地元の名士であった。幼い時から選挙や政治に関心をもっていた。早稲田大学商科を首席で卒業し、ヨーロッパへの留学を経て、帰国後、母校の教授に任じられた。当時、大学ではかれの名前を知らぬものがいないといわれ、早稲田を背負って立つと嘱望された秀才であった。その追放の経緯はすでに述べた。

故横田健一名誉教授は、周辺の人びとから聞き取り調査をし、宮島の人物像を次のように表現している。

剃刀のように鋭く切れる頭脳は、おそろしく回転がはやい。鋭い眼は直ちに人の心の裏の裏まで読んでしまう。……自説は強硬に主張、実行してソツがなく、有能であり、反対することは容易ではない。叱責は実にきびしく、はげしい。非常に博学で、ヨーロッパ文化、とくにフランス語に関しては百般のことに通暁し、また恐ろしく自信タップリである。外国語が巧みで、とくにフランス語、英語は堂々と流暢に話し、書く方も実にうまい。一流の外国人との交際も多く、日本の伝統文化にも造詣が深く、特に文楽に関しては、仏文の著書もあるくらい詳しい。自分の関心のある部門では、物すごいほど負けず嫌いで、猛烈に勉強してでも勝とうとする。したがって敵にまわせば怖ろしい。もし有能な人物で、従順にその下についていれば、非常にかわいがり、引き立ててくれるが、肩をならべるとか、従順でなくなれば破門されたり、ズバリと切られたり、烈しく叱られ、遠ざけられることになる。

独特のキャラクターをもった秀才宮島は、やがて関西大学の教学と経営の面で腕を振るっていく。宮島は関西大学の教授陣の充実のために、かつての早稲田時代の盟友服部嘉香だけでなく、同じく早稲田大学商学科の水谷揆一、東京帝大出身の宗教学の桜井匡などを招聘した。かれらは宮島と協力して新生・関西大学の建設にまい進していくのである。宮島が大学昇格時に、千里山移転のために資金集めにどれだけ苦労したか、エピソードが残っている。当時、総理事山岡の紹介状を持って、宮島が関西の財界のトップへ寄付金集めに回ったとき、

武藤山治

宮島綱男

鐘紡社長武藤山治（一八六七―一九三四）に「金をもらいに来たのならば、お前は乞食か」と文句を付けられた。

直情型の宮島にしてみれば、目的の大義のために、はらわたが煮えくり返る思いを耐え、「私は自分のために寄付を頼みに来たのではありません。大学のために金をもらいに来たのです。金をもらうのが乞食ならば、おっしゃるとおり、私は乞食です」と答えた。その話を聞いた山岡は、宮島に「よくぞ我慢をして耐えてくれた」、と労をねぎらったという。後日、武藤は宮島の応対を意気に感じ、当時三千円（現在では一〇〇〇万円）の巨額の寄付をしてくれたと伝わっている（『関西大学百年史　人物編』参照）。

なお余談であるが、この鐘紡社長の武藤山治も、波乱に満ちた人生を歩んでいる。後に政治に参与し、国会議員となって大きな役割を果たす。しかし時事新報社の出版業界の分野に進出していった後、武藤は暴漢に襲われ銃弾に倒れて亡くなった。

4－6　「関西大学の青春」を創った人びと

明治の風雪に耐えた日本の歴史において、大正時代は一時期、自由やデモクラシー、潑溂とした文学運動や叙情的ロマンの花が咲いた。関西大学の歴史でも、大正時代は青春期になぞらえられる。明治の先人の建学精神によって誕生した法律学校が、大阪という地の利、実学というヴァイタリティをバネにしながら、大正時代になって千里山に拠点を移し、規模を拡大してようやく大人になったといえる。そして大学人は将来の発展を目指し、千里山の新学舎で希望に燃えた、潑溂とした学園運営をしようとしていた。

宮島の要請に応えて関西大学の講師として赴任してきた服部は、当時の状況を『関西大学一二五号』で、次のように書いている。

……新校舎は千里山。そこに新生関西大学は正に大阪以西の秀才を吸引することとなった。そこには希望と光明とがあった。活気と歓喜とがあった。日々に潑剌の歩議を進め、燦たる理想を真理の討究と学問の実際化と人格の陶治に求めた。

大学は日を追うて社会的声望を高め、学生は全生活的に大学と本質的に結び合い、教職員は新しい教育の場の革新と充実とに努力した。

わたくし自身、新生ないし新興ということが、こんなにも大きな力となるのかと驚きながら、酔いながら、青春の精励を捧げて惜しまなかったのである。

当時の大学人は夢を語り、どのような大学にするのかという学是や理念を考え、希望に燃えていた。それは青春のロマンの世界に通じ、まさしく大正ロマンの時代とも合致した。もちろん青春には夢がある半面、現実には不安や悩みがコインの裏表のように付いていた。まず直面した「大学昇格」は至上命題であったが、かれらは千里山移転、資金不足や教員の拡充など、直面する課題をひとつひとつこなしていった。

たしかに関西大学の青春時代の起爆剤になったのは、外部から参入した人材であった。関西大学の卒業生から昭和時代になって岩崎学長や久井理事長らを輩出したが、しかしこのような外部の人とか出身者とかという一種の関西大学ナショナリズムの視点は、狭い料簡《りょうけん》といわざるをえない。大学というのはいろいろな血が交じり合ってこそ、大きなエネルギーを生み出すものである。他流試合を避け、純粋培養して身内で固めた大学は必ず衰退する。
その点、外部の早稲田から加わった宮島や服部、大阪財界の山岡も、人生の機縁で関西大学に関わり合いをもつようになったが、かれらは得難い傑出した人材であった。その人脈によって、かれらの人生のなかで得た知識、そして苦悩や社会体験も、関西大学の教学のなかで活かされた。かれらはそれを「学の実化」（実学の尊重）、自由の精神、国際化などというフレーズにして、大学の理念のなかへ導入していった。

たしかにかれらの関西大学とのかかわりは比較的短いものであったが、そのなかで粉骨砕身の働きは今でも追体験して実感できる。そこには出身者や外部参入者という区分はなかった。存在したのは新生関西大学を発展させ、立派な大学にしていこうとする情熱とその献身の精神であった。優れた人材を吸収できたのは大学にエネルギーがあったからだ。沈滞した組織体には優秀な人びとは集まってこない。こうして結集してきた人びとの才覚によって関西大学が、発展の基礎を作り出すことができたのは僥倖《ぎょうこう》であった。人脈の奇縁を織り込みながら、大学はそのエネルギーを吸収し、伝統をつくりあげていったからである。

しかしかれらはいろいろな事情で再び関西大学から去っていった。かれらは青春時代を全力で走り抜けたが、それは疾風怒濤（シュトゥルム　ウント　ドラング）ともいえる時代であった。ただかれらは旋風を巻き起こして消えていったのではない。その軌跡には精神的風土という、大きな財産を残していった。こうして大正時代という関西大学の青春は瞬《また》く間に過ぎ去ってしまった。

その後の昭和の前半は軍国主義の暗雲が立ち込め、長い冬の時代を迎えることになる。順風満帆ではない状況をどう乗り越えるかが、その跡を引き継ぐものの宿命である。組織体はこのようなメカニズムで動いていく。うまく継承したものが発展し、継承に失敗した組織体は衰退して滅びる。こうして歴史は繰り返してきた。関西大学とてこの歴史の法則から逃れることはできないのである。

さて学歌制定の時期には、とくに宮島、服部の関係は良好であった。両者は学歌だけでなく、経営、教学において関西大学に大きな貢献をしたが、しかし宮島の性格はこのような蜜月の時代を長く続けることを許さなかった。服部自身がそのいきさつを、後年、『関大』（一二七号）におよそ以下のように回想している。

宮島は一九二二年ごろから、学内外で獅子奮迅の活躍をしていたが、直情径行型人間で、独断専行に陥ることもあり、校友にとっては目にあまり、「とうとう二、三の新聞に、早稲田派の宮島・服部が関西大学をひっかきまわしている」という記事が出回った。さらに服部は、宮島との行き違いもあって袂を分かち、「わたしは二度目の学校騒動の渦中に巻き込まれることを密かに警戒し、機をみて関西大学を去ろうと決意した」と告白している。

服部の教え子の山崎敬義（弁護士）にも客観的に語ってもらおう。「かねての憧憬の先生（服部）の英姿に教壇で初めて接し……人を引きつける温かいムードあるお人柄を感じた。……先生は大正一四年（一九二五）、本学を去られたが、その経緯を知る人は少ない。結局、同窓の盟友宮島先生と相容れなかった結果である。服部先生は文学者であるから経済的感覚が薄く、これに反して宮島先生は経済学者でカミソリのように細心の人である。この性格の相違が両先生をして決別せしめたと見るのが正鵠であろう」（『関大』二三三号、括弧内筆者）と評している。

服部は辞職の意思を当時の岩崎卯一（後、学長）にだけ、ひそかに打ち明けておいた。岩崎はまだ三〇代であったが、すでにそれだけ人望があったのだろう。岩崎は、服部に「早稲田に帰るのかと尋ねた」が、服部は何の目途もなくとにかく東京に帰るのだと答えた。こうして服部は、一九二五年に就職先もなく関西大学を去り、東京で著述業によって糊口をしのぐ生活をした。後にようやく母校早稲田大学文学部教授へと返り咲いた。

服部の離反をまねいた宮島は、盟友服部だけでなく山岡総理事と対立し、その結果、実質的に「解職」された。こうした出会いと別れによって歴史はつくられる。それが偶然であったのか、必然であったのかは判断する人によって、解釈は異なる。

故横田名誉教授が大学の年史を編纂するために、服部の晩年、宮島排斥運動の件について、わざわざ東京まで行って聞き出した。しかし服部は黙して語ろうとしなかった。宮島が没して、年月が経っている時期であったが、服部は武士の情けで、かつての盟友宮島の弱点を口にしたくなかったのであろう。

コラム4　青春の友情『知と愛』の世界

本文で書いた知の人宮島と情の人服部との関係は、ヘルマン・ヘッセの『ナルチスとゴルトムント』（『知と愛』）の世界を髣髴とさせる。写真を見ればわかるように、宮島の鋭い、理知的な顔は理詰めでどんどん相手を追求するタイプである。半面、服部は温厚で優しい顔つき。まさしくこれだけでも全く異なる性格の持ち主であることが読み取れる。

ヘッセの作品におけるナルチスという聡明な知の権化の修道士と、そしてかれにあこがれるゴルトムントという感性の世界に生きる両者は、人間の心のなかにある理性と感性の両極をシンボル化している。両者は引き合い、反発し合い、最後は融合する。それはまさしく、宮島と服部の関係に類似している。とくにナルチスの冷徹ともとれる理知的な生き方は、どうしても宮島のイメージと重なってしまう。

　ドイツ滞在中、この舞台となった南ドイツのマウルブロン修道院を訪れた。観光客の姿も少なく静かな佇まいで、小説の冒頭部にはカスターニエンの巨木が、シンボル的に描写され、その実が静寂のなかで落ちる場面からはじまる。暗い修道院の回廊、祈りの部屋、中庭の光景をめぐると、時代が中世へとタイムスリップしてしまう。若き日のヘッセもこの修道院（小説ではマリアブロン修道院）で学んだという。展開される人間の知と愛という二極性の世界のなかで、ゴルトムントはナルチスに「君はここにいる人間ではない」と諭され、世界を放浪する。ペストの荒れ狂うなか、多くの恋愛遍歴を重ねてゴルトムントは、修道院長となって禁欲生活を送るナルチスのいるマリアブロン修道院へ帰ってきた。

　死期が近づいてきたゴルトムントは、こう語る。「だがナルチス、君は母を持たないとしたら、いつかいったいどうして死ぬつもりだろう？　母がなくては愛すること

マウルブロンの修道院

はできない。母がなくては、死ぬことができない。」ゴルトムントが母といっているのは、感性、恋愛、昇華された愛の意で、キリスト教では聖母ということだ。

ヘッセは作品をこう締めくくる。「ゴルトムントのことばは、彼の胸の中で火のように燃えた」（高橋健二訳）。こうして物語は終わる。最後に二人は和解をして、ゴルトムントはまるで聖母に抱かれるように、ナルチスの胸のなかで息を引き取る。理性と感性という二極は、融合してはじめて円満な一致を見ることになる。さすがノーベル賞作家の作品だけあり、読ませる長編小説である。

人間存在の両極を象徴したヘッセの作品が、関西大学にかかわった先人たちにあてはまるのは、小さな発見であった。若き日の服部は、罷免された宮島との友情のため、当てもないのに職を辞した。しかし二人は奇しくも関西大学で出合い、再会を喜ぶ時期はつかの間、正反対の性格の二人は袂を分かち、服部はまたもや職の当てもないのに関西大学を辞任した。

　理屈を押し通そうとしても、まわりの人間はその通り動いてくれない。感情にまかせて怒りをぶちまけても、冷ややかな目で見られるだけである。人間の内奥の理性と感情をバランスよく保つのは、口でいうほど簡単なことではない。どちらか一方に片寄るのが人間である。宮島と服部をめぐる人間模様は、後進に対する教訓を物語る。

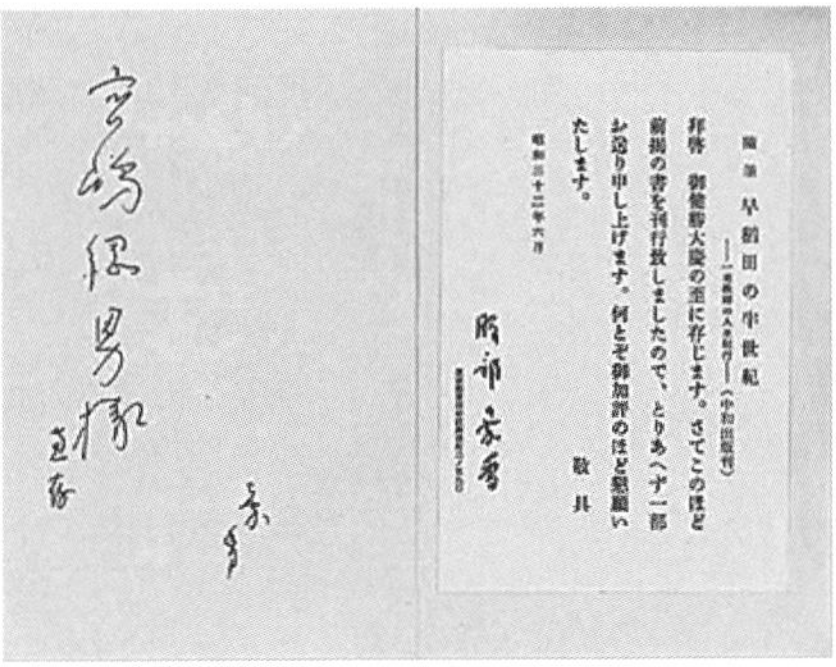

服部嘉香から宮島綱男宛の献本署名

　たまたま筆者が関西大学図書館で服部の本を探していたとき、服部が早稲田大学の退職の際に、『早稲田半世紀』を出版していたことを知った。その本をかつての盟友宮島綱男に献本していたらしく、その現物が書庫から見つかった。宮島の所蔵本は、もともと関西大学図書館の『宮島文庫』

に収納されているが、生前、宮島は贈られたかつての盟友の本を所有していたのだ。しかしこれは一般書であるので、当時の図書館員が地下の書庫へ移したのであろう。関西大学所蔵本に、写真のように服部の自筆のサインが残されている。

服部は関西大学を去るときには、宮島と反目していたけれども、年月は宮島との和解を促していたことがわかる。宮島は早稲田大学教授に返り咲いた服部の後半の人生経路を読み、万感の思いを込めて自分の人生と重ね合わせたことであろう。宮島が理事長を退任した後の時代のことである。服部の和解のメッセージは、ヘッセの『知と愛』におけるゴルトムントの最後の言葉のように宮島のこころに残り、若き日の青春の友情がなつかしく蘇ったに違いない。

第5章　関西大学と「学の実化」

5-1　大阪商業会議所会頭・土居通夫と「学の実化」の源流

「学の実化」というフレーズは、関西大学人ならよく耳にする学是であり、スローガンである。これは学問を実社会にいかに活かしていくかということであって、古くからその伝統は言い伝えられてきた。ではこのフレーズはどのようにして生み出されたのであろうか。その手掛かりは、大阪の実業界の歴代の会頭がヒントを与えてくれる。

初代は五代友厚であって、この人物はNHKの連続テレビ小説「あさが来た」（二〇一五年下半期）で近年脚光を浴びた。知る人ぞ知る薩摩藩士で倒幕にも関わり、外国留学の後、大阪の産業を活性化させた第一人者である。児島惟謙や土居通夫とも親交があったことはすでにふれた。次に二代目から六代目までの会頭は任期が短く、いわば主要会社の経営者の持ち回りといった感が強い。

ところが七代目の土居通夫の任期は異様に長く、二二年にもおよぶ。土居といえば第一章で述べた児島惟謙の宇和島藩士時代の友人であり、脱藩をして勤王の志士となり、鳥羽伏見の戦い、戊辰戦争にも従軍している。さらには関西大学の創設に賛同して、一〇〇円（現在では二〇〇万円以上、名誉校員）出資した人物である。土居は明治維新以降、剣をそろばんに持ち替え、大阪財界で中心人物になり、人望を集めた。鴻池家の終身顧問でもあったが、ただし上から命令するタイプではなく、人当たりがよくて敵をつくらず、気が付けばみんなに推されて長になるという、そのような人柄であった。

初　代　五　代　友　厚　一八七八年〜一八八五年　朝陽館、現・大阪市立大創設、児島惟謙、土居通夫とも懇意

第二代　藤田伝三郎　一八八五年〜一八八八年　藤田組（現・DOWAホールディングス）

第三代　田中市兵衛　一八八八年〜一八九一年　第四十二国立銀行

第四代　磯野小右衛門　一八九一年〜一八九三年　堂島米会所
第五代　田中市兵衛　一八九三年〜一八九四年　再任
第六代　浮田桂造　一八九四年〜一八九五年　大阪硫曹（現・日産化学工業）
第七代　土居通夫　一八九五年〜一九一七年　大阪電灯（現・関西電力）関西法律学校の名誉校員
第八代　山岡順太郎　一九一七年〜一九二一年　大阪商船（現・商船三井）関西大学総理事、学長

（www.osaka.cci.or.jp から抜粋し、加筆）

土居のもっとも大きな功績は、大阪に第五回勧業博覧会を企画・誘致したことである。その博覧会設立の会長として腕を振るった。すでに土居は先年の一九〇〇年には欧米視察旅行をしており、とりわけ第五回パリ万博が印象に残っていた。それをモデルに大阪で博覧会をやろうとしたのである。土居と五代の発案で、場所は大阪市内の「大坂の陣」の古戦場跡茶臼山とした。

博覧会が景気の刺激と活性化に有効であることを、商売人の土居は良く知っていたのであ

る。そのときパリのエッフェル塔を模倣し、博覧会のシンボルとして通天閣が建設された。誘致は成功し、入場者数五三〇万人という空前の記録を打ち立てた。会場跡地の一部は「新世界・ルナパーク」として、大阪南の新名所になった。なお現在の天王寺公園は、博覧会の跡地の一部を公園化して残したものである。

土居のポリシーは実利主義であり、かれはそろばん勘定によって大阪を活性化しようとした。というのも、かつて江戸時代の大坂は商都として栄えていたが、維新以降、経済的に衰退して地盤沈下が著しかったからである。博覧会を企画したのもそれを活性化する一環であった。土居は後の阪急や京阪となる交通網を充実させることに尽力し、人の移動を容易にして、経済の浮上を試みた。私鉄の関西といわれるのも、土居の支援によるところが大きい。

こうして土居のアイデアによって大阪は大正時代に息を吹き返し、一時期、東京を抜く経済的発展をみた。結局、人徳もあったので、土居は二二年間も大阪商業会議所の会頭を務めることになってしまった。その後任は山岡順太郎であるが、かれも土居の実利主義をよく見据え、それを継承していくのである。

5-2　山岡順太郎総理事と千里山移転

千里山という地の利

大正時代には電力供給のため、大阪の都市部に火力発電所がつくられた。また沿岸部に工場が増設され、市内にスモッグなど公害の弊害があらわれ始めた。その時期に、関西大学の千里山移転が計画され、狭い市内から脱出することになった。本学が千里山の土地購入の際に仲介の労をとったのが土居であった。あわせてそのときにも、土居は関西大学にも多大の寄付をおこなっている。

しかし実質的に千里山移転の号令を発したのは山岡順太郎であった。山岡は、土居が新しいアイデアを外国の万博の先例に学んで打ち出したことを踏まえ、イギリスのロンドンにおけるレッチワース田園都市構想に関心を示した。この構想は一九〇三年にロンドンと、五五キロメートル離れた田園都市レッチワースを鉄道で結ぶというアイデアであったが、その結果、田園都市がロンドンを活性化させる役割を果たした。

山岡はこの構想を大阪に移そうとした。先代の土居通夫の鉄道の重視、阪急の創始者小林一三の遊園地や劇場と鉄道を結びつける先例などがあったからである。こうして千里山移転は鉄道とセットで考えられ、経済人山岡はさらに大阪の郊外と市内を結ぶことによって、大阪全体の活性化を図ろうとしたのである。

一九二一年当時、北大阪電気鉄道の千里線が豊津まで完成していたが、ついで千里山遊園地がつくられ、千里山花壇町が終点となった。現在の関西大学の丘陵地の多くはその遊園地であって、人びとを集める場としてにぎわっていた。花壇町の遊園地は京阪のひらかたパークと並ぶ規模を誇っていた時代があった。ひらかたパークの菊人形に対抗し、千里山でも一時菊人形が飾られた。山岡と宮島は小林一三の住宅地や劇場と電車を結びつけたのと同様、大学と電鉄を結びつけたが、地の利の効果は抜群であった。

余談であるが、阪急千里線の関大前の一つ手前の豊津は、なぜ津なのか考えた方はおられるだろうか。はるか歴史をさかのぼれば、かつて縄文時代にはここは海岸部であり、豊かな津であったという。それが豊津の語源であるが、摂津も同様である。その後、海岸線がどんどん後退し、いまでは海とは程遠い小高い丘陵地となっている。ただ忘れていけないことは、南海大地震が万一発生し、大津波が押し寄せてきたときには建物の有無とは関係なく、古代の地形どおりの地図が再現されるという、大震災の教訓である。

そんな大地震でも関西大学の丘陵地は安全である。そこまで山岡が考えたわけではなかろうが、格好の場所に大学を建設したといえる。東京からきた服部は、学歌の冒頭に「自然の秀麗」と謳ったのは、無意識的に関西大学のロケーションが先入観として頭に浮かんできたからにほかならない。

千里山は大学だけでなく、千里山西住宅地として大正時代から開発されていた。現在でも千里山駅の西方に噴水とロータリーがあって、往時の名残をとどめている。その大規模な構想が千里ニュータウンであった。千里山は後に千里ニュータウンとして北大阪の拠点となり、さらに万博の会場となった。千里丘陵はたんに大阪だけでなく、高度成長期の日本の牽引車の役割をはたした。今思えば天王寺の勧業博覧会の延長線上に、関西大学の千里山移転、千里ニュータウンの造成、大阪万博があって、これらが相互につながっていたといえよう。

「学の実化」

土居の死後にバトンタッチされたのは、すでにふれたように次の八代会頭となる山岡順太郎であった。大阪商船副社長、大阪鉄工所（日立造船）や日本電力（関西電力）社長を務めた山岡は、大阪商業会議所の会頭から乞われて本学の経営に関与した。このように児島惟謙、土居通夫、山岡順太郎は関西大学の人脈としてもつながっていたのである。

山岡は一九二二年に総理事、翌年には学長に任じられた。千里山移転の大事業を指揮し、大学昇格の準備をおこなった。大阪財界出身であったので企業からの寄付金集めには有利とはいえ、各企業ともそれほど簡単に寄付金を出してくれない。山岡は趣意書を書き、実質的には宮島専務理事が、各企業を回って頭を下げて、お金を集めたことも、すでに書いた。

さて山岡は実業界の見識から、「学の実化」を提唱し、具体的には「学理と実際の調和」、「国際的精神の涵養」、「外国語学習の必要」、「体育の奨励」という四つの理念を打ち立てた。とくに「学の実化」は、土居通夫の実利主義を継承し、山岡が学問と実利を結びつけたものである。この意味において「学の実化」の源流は、土居通夫にあったといえよう。

その他の「国際的精神の涵養」、「外国語学習の必要」はおそらく宮島が提唱して、山岡の賛同をえたものと推測される。この二つは宮島のもっとも得意とする分野であったからだ。いずれにしてもこれは現在の関西大学の教学理念にも脈々と受け継がれ、国際化、情報化、グローバル化、そしてスポーツの振興などのバックボーンになっている。その意味において山岡は、関西大学の中興の祖といわれるゆえんである。

山岡総理事のもとで提唱された「学の実化」は、実質的には宮島綱男専務理事によって企画・推進された。かれは大学に新風を吹き込むために、連続講演会を企画する。講演者とし

山岡順太郎

て招聘したのは、犬養毅（後の首相、五・一五事件で暗殺される）、山田耕筰（学歌作曲者）、関一（大阪市長、御堂筋の都市計画で知られる）などの今日でも名を残す人びとだけでなく、神戸駐在ドイツ公使、駐日スイス公使、駐日ベルギー大使など、外国人の講演を多数企画している点に特徴がある。

これは多彩な外国人の人脈をもつ国際派宮島の独壇場で、だれの追従をも許さなかった。また大学を開放して講習会も企画された。こうして「学の実化」はスローガンだけでなく、現実に目に見えるかたちで実施され、学生に大いなる刺激を与えた。

5−3　クローデルの講演と文学科創設

すでに述べたように、関西大学は一九二二年六月五日付で、大学と認可された（以来、本学では六月五日を「昇格記念日」と称す）が、それを記念して、当時、駐日フランス大使の

ポール・クローデル

クローデルの講演会（一九二二年）

ポール・クローデル博士（一八六八―一九五五）を招いて、同年五月二七日に移転まもない千里山校舎で講演会をおこなった。

企画を提起したのは、当時、専務理事をしていた宮島綱男であった。フランス留学経験のある宮島は、フランス人の法学者ボアソナード博士（一八二五―一九一〇、かれの弟子たちが関西大学を創設）と深い縁のある本学にとって、記念すべき祝賀会にクローデルがふさわしい人物であったと考えたのであろう。大使の側としても、フランスへの理解を深めるいい機会ととらえたのは当然である。記録から見るかぎりクローデルと宮島の接点はここに始まる。

クローデルは、一九二二年五月二一日に東京から京都に到着し、京都帝国大学での講演や京都見物をへて、五月二七日に来阪している。当時の記録では、大使は「大阪朝日新聞社社長村山竜平の歓迎を受け、日本料理の昼食。車と電車を乗り継ぎ、関西大学に一三時三〇分に到着。一四時、同大学で『仏蘭西語の習得と効用に就いて』。通訳は宮島綱男」（関西大学の講演記録では「仏蘭西語について」と表記）とある。

講演の記録そのものが残っているが、その主旨はこうである。言語は歴史や文化を凝縮したものであり、フランス語が国際理解や正義、思想の表現にもっともふさわしい。たしかに日本ではまだフランス語はあまり普及していないけれども、現代のフランスはヨーロッパのみならず世界においても重要な位置を占めているのは、ご承知のとおりである。今後の国際化していく世界では、国家は孤立して存続はできないのであるから、そのためにフランス語を習得しなければ、相互理解のために世界を舞台に活躍することが不可能である、とこのようにクローデルは学生に説いている。

しかしクローデルと本学とのかかわりは、この講演だけではない。関西大学文学部のホームページの「歴史と沿革」では、文学部の前身が次のようにしるされている。

一九二四年（大正十三年）に関西大学文学部の前身である専門部文学科が開設されました。文学科の開設にあたっては、当時の駐日フランス大使ポール・クローデルの勧めによるところが大きいと伝えられています。詩人としても高名であった彼は、本学の開設した「学の実化」講座に講師として来学した折り、大学首脳陣に文学部の設置を熱心に勧め、これを機に文学科が開設されました。

この意味において、クローデルは文学部開設の祖ともいうべき役割を果したともいえよう。たしかにクローデルの来学以前にも、文学科開設の動きはあったという記述もあるが、クローデルの強力な後押しで、話が進展し、実現したというのが真相ではないか。今日の文学部の充実・発展にかんがみて、このエピソードはたいへん感慨深いものがある。

クローデルは外交書簡の一九二二年六月二日付(『孤独な帝国　日本の一九二〇年代』)で、フランス本国へ関西大学の文学部開設を次のように書き送っている。

京都旅行が終了したあとで、大阪まで足を延ばしました。私立の関西大学からも学生の前で講演をするよう依頼されていたのです。この大学は、三十六年前にボアソナードの弟子たちの手で創立されましたが、最近、地元の裕福な実業家であり農商務大臣の友人でもある人が、気前よく援助したことで大幅に拡充されました。ボアソナードはフランス人教師で、日本の主たる法典はこの人物のおかげで起草できたのです。この大学はわが国に対し一貫して友好的でした。今日までは、法学・政治経済学・商学しか教えていませんでしたが、まもなく文学部が開設されるのでフランス人教師を招きたいとの意思表示がありました（最近同じ大阪に開設された外国語学校でも同様の話がありました）。学生数は三千人です。大阪市は伝統的なものに好奇心と愛着をもつ一方で、今日の日本経済の中心地であるだけに、この文学部開設は興味深いものです（大阪は旧体制の徳川時代には日本における文学の中心地でした）。

関西大学における講演後、クローデルの行動がさらに記録されている。「夕刻、文楽座で豊竹古靱太夫の浄瑠璃、新左衛門の三味線で『彦山権現誓助剣』の瓢箪棚の段を鑑賞。人形の動きと義太夫の語りに関心を寄せる。古靱太夫はクローデルに浄瑠璃のレコードを贈呈。その後、仏蘭西会主催の晩餐会に臨み、解散後、大阪市街を宮島綱男と小泉幸治の案内で散策、とくに、道頓堀の夜景に関心を寄せる」と記録されている。なお小泉幸治は、大正一〇年関西大学教授、後に専門部文学科教授になった人物である。

コラム5　クローデルの姉カミーユと彫刻家ロダン

クローデルが外国、とくに日本への関心をもつきっかけは、姉の彫刻家のカミーユ（一八六四―一九四三）によるものであるといわれている。彼女は才気溢れ、評判の美人であったが、早くから彫刻家を目指し、その世界へのめり込んでいった。やがて彫刻家での大成を夢見、一八歳の芸術家の卵は、あの「考える人」で有名なロダン（一八四〇―一九一七）に弟子入りした。しかし二人は師弟の関係を越え、カミーユはかれの愛人になるのであるが、それはロダンの彫刻にもまたカミーユのそれにも、芸術的な霊感と創造的エネルギーを与えた。

ただしロダンはカミーユとの関係をもちながら、その愛に誠実に応えようとせず、もう一人の別居中の内妻ローズとも縁を切ることはなかった。その意味ではかれは、優柔不断であり不実の男性という謗《そし》りを免れない。ただし懊悩したのは彼女だけでなく、エキセントリックな彼女の行動に手を焼いた、彫刻家ロダンのこころにも深い傷跡を残した。

若き日の姉カミーユ

彫刻家ロダン

二五歳のカミーユは、一時付き合っていた音楽家クロード・ドビュッシーとともに、一八八九年のパリ万国博覧会を訪れているが、かれを通じて彼女は葛飾北斎の富嶽三六景「神奈川沖浪裏」を知った。ドビュッシー自身もその版画に霊感を受け、後に交響曲『海』を作曲したという説（ジャケットに北斎の絵を載せているので）があるが、カミーユもまたこの版画やジャポニスムに、強く惹かれていった。それは外交官となる弟（一八九〇年に外交官試験に合格）にも大きな影響を与え、クローデルと日本を結びつけるきっかけをつくった。後に彼女は弟と日本行きを計画したこともあったが、事情で断念した。

彼女はロダンとの愛の軋轢、ロダンの子の妊娠中絶、芸術的葛藤、女流芸術家に対する世間の無

カミーユ・クローデル「波」

葛飾北斎　富嶽三六景「神奈川沖浪裏」

理解、このような諸条件が重なり、精神に異常をきたしてしまった。こうしてカミーユは一九一三年以降、創作を放棄して精神病院で三〇年間、ロダンを呪い、世間を呪って暮らさねばならなくなった。彼女を題材にした、ブリュノ・ニュイッテン監督の『カミーユ・クローデル』という映画が日本でも一九八八年に上映され、彼女の彫刻やロダンとの関係が注目を浴びた。姉は結局、一九四三年に精神病院で孤独に死んでいくのであるが、弟クローデルにとっては人生の多くを外国で過ごしたとはいえ、その間、姉カミーユの行状が心痛の種であった。

さて彼女の彫刻その他作品は、散逸、破壊され、現存するのは九〇点ぐらいであるが、近年、評価が高まり、愛好者が増えている。とくに「波」（一八九八）は、北斎の富嶽三六景「神奈川沖浪裏」のモティーフに強く影響を受けていることがわかる。前ページに示すように大波の下で踊る三人の女性は、ヨーロッパ古代ギリシア伝統の美と優雅の女神カリス（複数はカリテス）をイメージしているのではないか。ここにヨーロッパ精神とジャポニスムを融合させ、美を追求する彼女の世界が展開されているが、この作品は、大波が今しも襲い掛かって、美の女神を呑み込んでしまいそうで、破滅を予感させる動的な緊張感を強く感じさせる。

「波」はロダンとの数々の軋轢のなかで、追い詰められたカミーユの心境を生々しく伝えている。クローデルは晩年の一九五一年六月に、姉カミーユについて、「彼女はロダンにすべてを賭け、彼とともにすべてを失った。美しい船は、しばしにがい谷間に翻弄されたあと、船体、積荷もろとも沈没してしまったのだ」（『眼は聴く』山崎庸一郎訳）と追悼している。

5−4　国際派としてのクローデルと宮島綱男

クローデルは日本に赴任中、政治的動向以外では、かれみずからも関東大震災（一九二三年）に被災しながらも、東京に救護施設を建設し、日本人の救援活動に尽力した。また姉の影響もあって、クローデルはジャポニスムに深い関心を示し、『目は聴く』や『朝日の国の黒い鳥』という日本文化論のエッセイも多く書き残している。これが邦訳出版され、後者は堀辰雄が『大和路・信濃路』のなかでそのことを紹介した。

クローデルは職務のかたわら、日本でも能や文楽の舞台見物に出かけ、親日家となって日本の文化を愛していた。一九一三年（大正二年）正月に歌舞伎鑑賞の際、芥川龍之介と出くわしているが、もっとも気づいたのは芥川で、その光景がかれの日記に「まるまると肥った仏蘭西の大使クローデル氏を始め、男女の西洋人も五、六人、オペラ・グラスなどを動かしている」と記されている（渡邉守章「クローデルと能」、『外国人の能楽研究』所収、法政大学能楽研究所編参照）。

日本駐在大使のクローデルは、在日の目的としてフランスの情宣を喫緊の課題としていた。かれは協力者の尽力もあって、一九二四年に東京日仏学館を設立し、その開館の行事に六〇〇人の人びとが集った。東京の動行が関西にも伝わって来て、京都にも同様な会館を創ろうという機運が盛り上がった。最初の計画では、ケーブルカーができた比叡山の山麓に、フランス語講座を開くことであった。避暑地にも利用でき、場所としては適地とされたからである。日仏学館のホームページには、次のように記されている。

東京には、すでに一九二四年に、日仏会館が創設されていた。そのできたばかりの日仏会館に、地理学者として滞在していた元海軍兵学校教授、フランシス・リュエランが、夏季を利用して、古都・京都の北西にある比叡山を調査研究のため訪れた。彼は、比叡山の地に「フランス文明講座」の夏季大学開校を考えたのである。フランス語はもちろんのこと、芸術、歴史、地理、哲学など幅広いフランス文化一般にわたるものである。この提唱は、たちまち、当時の京都帝国大学や関西大学の教授たちの賛同を得たのであった。

このなかでとくに、「京都帝国大学や関西大学の教授たち」とはいったい誰か。それに対する資料は、クローデルの外交書簡にある。一九二六年一〇月一四日の「比叡山にフランス語の夏期講座を創設」という文書に、その経緯が触れられている。

東京に日仏会館が開設されて以来、私は京都にこれと同等の施設をつくることに専念し続けてまいりました。といいますのも、ご存じのように日本の大きな島、本州は、北と南、関東と関西に分かれており、たがいに対抗意識、競争心をもって張りあっているからです。……リュエランはこう考えています。「この種の施設には、夏休みになって開放された公立学校の生徒や手の空いた教師たちが関心をもつにちがいない。……リュエランは、この考えを私たちの共通の友人二人に話しました。京都帝国大学の太宰（施門）教授と関西大学の宮島（綱男）教授です。この人たちは良い考えだといって彼を激励し、自分たちもこれを支持するし、今後は協力もすると約束しました。

一九二七年一月一〇日の「京都日仏学館」の設立に関する文書にも、同様な二名の名前が記載され、それに賛同する旨が書かれている。やがて建物は交通の便のいい左京区吉田泉殿町に移転した。この件に関して、フランスと日本の政府の出資金、関西財界の寄付の募集について具体的に説明されている。ただしこの学館が開設されたニュースは、クローデルがアメリカ大使として赴任する船上のかれに届いた。日仏学館には、クローデルの功績を讃えるために、姉カミーユが制作した弟ポールの胸像が保存されている。これもクローデルと日本とのかかわりを示す、エピソードといえるであろう。

5―5　関西大学とフランス文学者河盛好蔵

宮島とかかわった人物にフランス文学者河盛好蔵（一九〇二―二〇〇〇）がいる。かれは三高、京都帝国大学の仏文科の卒業生で、関西大学への就職の際に当時、専務理事をしていた宮島の面接を受けている。後にフランス文学界の大御所となり、大佛次郎賞、文化功労賞、文化勲章を受賞する人物である。晩年、日本経済新聞の「私の履歴書」のなかで、河盛は一九二六年の卒業に当たり関西近辺の大学を回ったが、どこにも就職口がなく、ようやく関西大学に就職したいきさつをこう書いている。

ただ関西大学だけが、千里山に新しい予科の校舎を作って、そこで第二外国語にフランス語を課する計画があり、漸く就職口を見つけることができた。それは専務理事の宮島綱男氏が大のフランス好きであったからである。そのとき宮島さんが「しかし俸給は安いよ。大学に残って助手になっても、一カ月二、三、四、五、六十円ぐらいしかもらえないだろう」と云われたのをよく覚えている。二十円と六十円ではずいぶん違うではないかと、心のなかで思い乍ら聞いていたが、結局、五十円の月給を頂くことにきまった（一九九一年三月二三日朝刊）。

当時の大卒の初任給が四五円ぐらいであったので、そこそこの金額であるが、河盛は京大の落合太郎講師に事情を報告した。落合は安すぎるといって、宮島と直接交渉をしてくれ、六〇円にしてもらったという。ここにも大学経営において、当時、専務理事に一切の決定権があったことがわかる。なお河盛はそのかわり、フランス語だけでなく英語や文学概論まで、多くのコマ数をもたされた苦労話を回想している。

さらに河盛は宮島のことにふれ、「Mさんはフランス語に堪能で、とりわけ公の席でフランス語の演説をするのが大好きであった。そのためにフランスから名士が来日すると、すぐ伝手《つて》を求めて、大学に招待し、講堂に迎えて、歓迎の辞を述べるのを道楽にしていた。それは大いに結構であったが、そのとき招かれた名士は必ず挨拶をしたり、講演をしたりする。するとその通訳はいつも私のほうにまわってくるので、これには全く閉口した」『私の茶話』）と回想している。

河盛は、宮島追放騒動によって宮島が一九二七年の一一月末に辞めた後、同様に翌年三月に関西大学を辞任している。騒動に嫌気がさしたのは事実であるが、心情的に宮島と行動を共にしようとしたのではなく、本場フランスへの留学に強い憧れをもっていたからだ。同年春、河盛は私費留学生として、四月二六日に神戸港からフランスのパリへ向けて乗船した。途中、下関、上海、蘇州、香港、シンガポール、ペナン、コロンボ、アデン、スエズ、カイロ、ポートサイド、ナポリを経て、マルセイユに六月六日、翌々日八日にパリに到着している。

現代でもそうであるが、パリは多くの文人のあこがれの地であり、人を惹きつける魅惑の都市であった。一九二〇年代後半から三〇年代前半のヨーロッパは、激動の時代であったが、河盛は私淑していた島崎藤村の足跡をたどり、話題作『藤村のパリ』を書く。河盛と相前後して倉田百三、片山敏彦、金子光晴などがパリにいたが、かれらと宮島の関係を示す記録は、筆者の手元にはない。

河盛好蔵

ところが宮島と河盛は、第二次世界大戦後、「ロマン・ロラン友の会」で奇しくも名前を連ねることになる。さらに七三歳の河盛は、一九七五年一〇月一九日に関西大学で日本フランス語フランス文学会が開かれた際、大学を訪れており、当日、長老として懇親会で自分の教師として第一歩が関西大学であったことを披瀝した。若き日のシーンを回想して、エッセイにも関西大学の「二年間の生活が実になつかしく想い出される」と述べている。教師生活のスタートを切った本学に、河盛は何かのシンパシーを感じていたようである（『私の茶話』）。

5－6　宮島綱男の追放

ところが宮島専務理事の時代は長く続かなかった。関西大学の歴史のなかでも、宮島はまたもや排斥運動にみまわれる。あの「早稲田騒動」再来ともいうべきかもしれない。その原因は宮島の自分の意見を曲げぬ、独断専行型人間であったことによる。これが関西大学の歴史のなかでも有名な「宮島追放事件」である。

『関西大学百年史』の「人物編」にも詳細にいきさつが述べられており、資料が残っているので、ここでは深く立ち入ることはしない。ただし以下の展開のためにその原因を必要最小限度のみ、年史編纂室にある記録にもとづいて述べておこう。それは次の七点に要約できる。

一　千里山学舎と福島学舎の教育条件の格差による学生のストライキ
二　文部省による大学教育行政への圧力
三　宮島専務理事の「独断・先行的」な理想主義を目指す大学経営
四　山岡学長と宮島専務理事の不和（故横田名誉教授の聞き取りでは「山岡がその子息を専務理事にしようとして、宮島の反対を受けた」（『関西大学百年史人物編』）との説
五　不明朗会計への責任
六　校友を背景とする学生の関西大学ナショナリズムと「早稲田大学出身者」との確執
七　大正デモクラシーの世相

このような諸要素が複合的にからんで、事件が発生したことがわかる。学生運動は革命運動と類似し、ひとつの流れができると加速度的に突き進んでいき、それを止めることはできない。結果的には過激化する特性をもつものである。宮島は紛争の責任をとるかたちで、一九二七年一一月三〇日に専務理事と教授職を辞任し、関西大学を去っていった。

宮島にとって不幸であったのは、スタート時は山岡総理事の下に前述の柿崎欽吾専務理事と宮島専務理事の二人体制であったのが、途中で柿崎が死去したことである。柿崎は大阪弁

護士会長も務めただけに、人望も厚く、調整能力もあった。しかも柿崎を欠いても宮島の行政能力は抜群であるので、まったく苦にせず、どんどん独断専行的に物事を進めていった。その結果、とうとう上司にあたる山岡とも対立をするようになった。問題の核心は山岡の子息の処遇をめぐる確執にあった。情でなく理で物事を判断する宮島は、山岡が私情を絡めて子息を柿崎の後任の専務理事に抜擢する人事に強く反対した。かれは上司といえども絶対に許せないことを容認する人物ではなかったのである。

しかしそれは水面下の話で、批判は独断専行をする宮島の学園運営への反発に集中した。こうして宮島と同時に七人の教授も関西大学を去った。かれらは宮島派ともいうべき人びとであったが、なかには宮島が招聘してきた人も含まれていた。関西大学を去った宮島のその後の足取りを簡単にたどっておこう。かれは一九二八年に国際労働会議（第一次世界大戦後設立された国際連盟の姉妹機関、通称ＩＬＯ、日本は一九三八年に脱退）の使用者代表委員に任命された。かれはスイスのゼネヴァ（当時の表記、現ジュネーヴ）で開催される第一一回の国際労働代表会議顧問随員として渡欧した（大阪毎日新聞一九二八年四月一日記事）。

さらに大阪毎日新聞の資料では、宮島は同様にジュネーヴで開催された第一六回のＩＬＯ総会（一九三四年）の政府の資本家側代表顧問として派遣された旨、閣議決定されている。

この時の同じ派遣団の労働者側の代表として、西尾末広（後の民社党委員長）の名前も見える。西尾はすでに一九二四年に、日本が始めてＩＬＯに代表を派遣したとき、労働者代表の随員として渡欧しているから、宮島と出合ったときには二回目であった。

西尾の評伝では、一九二四年の船上での使用者と労働者側との和やかなやり取りが書かれており（江上照彦『西尾末廣伝』）、片道四〇有余日、宮島と西尾が出合った一九三四年でも、日本人同士の船上での交流は同様であっただろう。帰国後の宮島の足跡は、神戸日仏協会（一九〇〇年設立）会長などを歴任したとある。

故横田名誉教授の評伝では、宮島のヨーロッパでの足跡は、概括的なもので、「旧師シャルル・ジッド」（作家ジッドの叔父にあたる経済学者）のもとで研鑽し、フランス、スイスに駐在したという記録しか筆者の手元にはない。ただし神戸商大（現神戸大学）の記録によると、一九三一年に来日していたシュンペーター（一八八三―一九五〇、ウィーン大学出身の経済学者、後にハーバード大学教授）が来阪したとき、二月一二日に、宮島の教え子である森川太郎（後学長）がＮＨＫ放送局でかれの英語通訳をし、その夜、宮島は森川ともどもシュンペーターを文楽に案内したという記録が残っている（『神戸商大新聞』）ので、この時点では日本にいたと考えられる。

第6章　迫りくる暗雲のなかで

6−1　クローデル出国とアインシュタイン来日

関西大学は明治期においてボナソナードのフランス法学の影響を強く受け、その精神は、大学創設者たちからフランス留学をした宮島に継承された。宮島の尽力により関西大学はフランス大使クローデルを招聘し、文学部の前身の文学科を生み出すきっかけをつくった。さらにフランスに傾倒した河盛好藏がその伝統を受け継いだ。このような意味では関西大学はフランス文化の伝統を継承していたといえる。それは正岡子規の叔父の加藤拓川らフランス派ともいうべき人びとと、間接的なかかわりをもつことになる。大正時代に宮島の果たした役割がいかに大きかったかを物語る。

ところが日本政府はその潮流とは異なった立ち位置にあった。早くも一八七〇年の普仏戦争の結果、日本陸軍の軍隊はフランス式からドイツ式へ大転換をした。ナポレオンⅢ世が「セダンの戦い」で捕虜となる大醜態は、明治維新を成し遂げた日本の軍人たちを失望させたからである。さらに一八七一年にヴェルサイユ宮殿において、ヴィルヘルム一世によるドイツ帝国の戴冠式は、フランスにとって屈辱的な出来事であった。したがってこの時点から、日本陸軍はフランスを見限り、ドイツ帝国を範とする道を歩き始めていたといえよう。

歴史的にみれば、外交官クローデルの役割は、日本とドイツ、イタリアの接近に楔を打ち込み、日本における親仏路線の確立にあったと考えられる。クローデルはフランス大使として東京に赴任したのは、一九二一年一一月一七日から一九二七年二月一七日（途中、一年あまり、帰国）までであった。クローデルの日本大使赴任中にも、フランス離れは進捗しており、外交官クローデルはそのことを敏感に感じ取っていた。たとえばクローデルは、ムッソリーニのファシスト党が日本に対する宣伝をしていることに触れている。

一九二六年六月一五日の外交書簡では、ムッソリーニが日本の青年にメッセージを送ったこと、さらに日本のイタリア大使館の書記官が、例の「黒シャツ」（イタリア・ファシストのトレードマーク）を着て演説をおこなった内容をこう引用している。イタリアの書記官は

「モスクワの道、すなわち民衆を扇動する独裁主義共産党の道か、さもなくば、ローマの道すなわち国民に優しいイタリア・ファシストの道」しかないとし、後者の選択を迫っている。

当時の状況を知る文献としては、クローデルの外交書簡集『孤独な帝国　日本の一九二〇年代』（奈良道子訳、草思社　一九九九年）がもっとも包括的であり、また近年では、『日本におけるポール・クローデル』（中條忍監修、クレス出版、二〇一〇年）が出され、日記、外交書簡、知人書簡、メモが時系列に収録されている。これを読めば、一九二一年一二月から二二年二月にかけてのワシントン軍縮会議で日本の動向や、一九二三年、日本が八月一七日に日英同盟を解消し、外交的に孤立を深める様子、日本の政治家の動き、皇族との関係、世相などが手に取るようにわかる。

ちょうどその頃の一九二二年に、雑誌『改造』で知られる改造社が、アインシュタインを日本に招聘した。夫妻は四三日間滞在したが、クローデルは日本でのアインシュタインの異常な人気を克明に本国フランスへ伝えている。クローデルは「アインシュタイン教授の来日がドイツの科学の威信を高めたことは確かです。このことから……教授と同格のフランス人が来日することがフランスにとって必要であろう」と結んでいる。

関西大学とアインシュタインのかかわりは存在しないが、当時の時代精神を知るうえで貴重な転換点となるので、少し触れておこう。日本滞在中にアインシュタインブームが沸き起こり、かれはどこへ行っても人気者であった。アインシュタインの方でも、エキゾチックな日本文化を愛で、日本ファンになり、積極的に理解を深めようとした。それは人びとの関心をドイツへ向ける作用を及ぼした。

ただし、ナチスが政権を取る以前の胎動期のころであるので、ドイツ本国においてもアインシュタインがユダヤ人であることや人種差別は、まだ問題になっていなかった。ましてや当時の日本におけるアインシュタインブームは、「ドイツ人アインシュタイン」という意味であったことを

日本におけるアインシュタイン夫妻

物語る。

ヒトラー時代のユダヤ人排斥が顕著になっても、日本ではユダヤ人問題に関心を持つ者がほとんどいなかった。日本ではユダヤ人を目にする機会がなかったからである。いずれにしてもクローデルの出国と、アインシュタインの来日は、日本における親フランスから親ドイ

ツへの大きな時代の転換期であったことを示す。

コラム６　アインシュタイン博士と仏教

（このコラムは当時のエピソードをありのまま伝えるために、奈良浄教寺ホームページ http://www.joukyouji.com/ より引用させていただいた）

アインシュタイン博士が日本に来日したのは一九二二年（大正一一年）の秋一一月一七日です。日本へ来る船上で「ノーベル物理学賞」の受賞の報せを聞き、喜びの中の来日でありました。全国各地を講演する毎日の中で、日本の仏教に関心を持っていた博士はかねてより仏教の話しを聞きたいと思っていました。そこで博士と対談した方が、浄土真宗僧侶　近角常観（ちかずみ　じょうかん）師でした。

そこで、博士は「仏さまとはどういうお方ですか？」との質問をされ、それに対して近角先生は「姥捨て山」のお話をされました。

昔、信濃の国では、親が年を取って一定の年齢になると、食い扶持を減らすということで、山に捨てに行かなければならない掟のある時代がありました。

息子が、やむなく年老いた母を背中に背負って、山の奥へと上っていく途中に、母は手に触れる木の枝を折っては道に落とし、を繰り返していました。息子はその様子を感じながら「母はまさか、寂しくて村に帰ろうとするときにこの折った枝を頼りに山を降りようと目印に枝を折っているのではあるまいか？」と母を疑っていたようです。ところが、山の捨て場について、いよいよ母を捨てて帰ろうとするそのときに、母は息子に言いました。「山もだいぶん奥まで来て、お前が村に帰るときに道に迷わないように枝を折って道に落としておいたからそれを頼りにしていけば間違えることなく帰れるから、気を付けて帰れよ。」と、合掌して別れを告げたそうです。その言葉を聞いて息子は泣き崩れ「なんと私は恐ろしいことを考えていたのだろう。わたしは母を捨てよう、帰ってきてもらっては困ると考えていたのに、母は見捨てられるのにも関わらず私のことを案じていてくれる。」と、母に両手をついて謝り、母を再び背中に乗せて山を降りたということです。

古歌に「奥山に　枝折る　しおりは　誰がためぞ　親を捨てんと　急ぐ子のため」とあります。近角先生はアインシュタイン博士に「この母の姿こそ仏様の姿でありま す」と話されたそうです。

どんな状態にあろうとも自分の事は一切顧みないで、ひたすらわが子のことをのみ考え心配している姿。今まさに自分を捨て、殺そうとまでしているわが子を見捨てることが出来ず、どうにかして救いたいとする姿。これこそが真実の大慈悲の仏さまの心であると話されたのです。アインシュタイン博士は、帰国に際して「日本には仏教というあたたかく深い宗教がある。こんなにも素晴らしい教えに出会えたことは、私にとって何にも勝るものである」と、語られたそうです。

6-2　反骨のドイツ語教授・向軍治

「奇人・変人」といわれた男

一九二八年（昭和三年）、日本が軍国主義化へ大きくかじ取りをし、中国大陸では張作霖に対する爆殺事件が起きた。暗い世相へ向かうとき、向軍治（むこう・ぐんじ　一八六五―一九四三）は関西大学予科のドイツ語教育にたずさわった名物教授であった。故小川悟先生は『関西大学百年史　人物編』に向軍治の項を、シンパシーを込めて執筆している。以下は小川先生の記述に負っている箇所もあるが、それにない新たに発見したエピソードもかなり多く組み込んだ。

向の写真を見れば、古武士のように精悍で、やや気難しい顔をしている。その毒舌と戦争反対の気骨はだれにも制止できないものであった。しかし学生の面倒見は良く、関西大学でも水泳部の部長として学生と付き合うのをとくに好んだという。当時、水着姿で学生に囲まれて写した写真も残っている。

向軍治

岩国生まれで、幼少のころ福沢諭吉の『世界国づくし』に感動し、それを暗唱していたという。東京の独逸協会学校に入学するが、一八八六年に教諭排斥運動を主導して退学処分。その後、キリスト教の普及福音派のシュピナー伝教師によって洗礼を受けた。当時からドイツ語は右に出るものがないほど堪能で、やがてジーメンス社に勤務した。

向の反骨の戦いは、一八九一年の内村鑑三の不敬事件をめぐって記録されている。キリスト者鑑三は当時、第一高等学校中学校嘱託教員であったが、勅語の拝読式において拝礼をしなかったことで、生徒たちの追及を受け、内村が解職されて一件落着かに見えた。

ところが時の東京帝国大学哲学科教授の井上哲次郎が鑑三を、「内村氏が此の如き不敬事件を演ぜしは、全く其の耶蘇教の信者たるに因由すること亦疑なきなり、耶蘇教は唯一神教にて其徒は自宗奉ずる所の一個の神の外は、天照大神も、阿弥陀如来も、如何なる神も、如何なる仏も、決して崇敬せざるなり」（井上哲次郎『教育と宗教との衝突』）と、追い打ちをかけるように批判した。

キリスト教側も黙ってはいない。内村鑑三も弁明したが、向の井上批判がもっとも辛らつであったという。向は実例を挙げて、井上が新教と旧教の区分も知らず、新教が旧教を批判している箇所を、キリスト教全体の批判と取り違えていると、反論する。また井上がヨーロッパに犯罪人が多いのは、キリスト教が社会改良にとって無力である証拠というところを捉えて、日本の犯罪人が多いのは、仏教、儒教、神道の「無力なる証拠にあらずしてなんぞ。……敢て博士に誡告す、天を仰ぎて唾きするものの愚を為すこと勿れ」（雑誌『真理』「井上博士の教育宗教衝突論を評す」）と。

向は武勇伝があり過ぎる人物であるが、しかし穿った見方をすれば、向がまともで周りがおかしかったといえるのかもしれない。向は一八九五年（明治二八年）に慶應義塾大学講師に就任するが、その時代には福沢諭吉までエピソードに登場してくる。小川先生の文には、慶応に紹介した当時の教頭門野の次のような言葉が引用されている。

（教頭門野は）「日本広しといえども、向君を入れるところは他に有らざるべし。慶応は一私学に過ぎざれども、好漢向君を入れしだけでも其偉大なるを知るべし」といった。傍にいた福沢諭吉は向に「遠慮することはない。思い切ってやりなさい。人と違ったことをしなければ偉いことはできない。遣り損なったところで、たかの知れた塾だ。国家を潰されては困るが、塾位はいつ潰しても差し支えはない」といった。

この記述から向は大いに期待をされているが、反面、慶應義塾大学の首脳は向の反骨精神を知っていたことがうかがえる。事実一九〇六年、日露戦争における旅順戦で、向は乃木希典大将が多数の死傷者を出したことを批判したので問題視された。向の経歴では慶應勤務の途中、仙台の第二高等学校、金沢の第四高等学校に転じて、また慶應義塾にもどっているので、その間、何かとトラブルがあったのだろう。一九一八年（大正七年）に慶應義塾大学を辞めているが、これもすんなりとした辞め方ではない。

森鷗外に頭を下げさせる

今回資料を調べてみると、向軍治が森鷗外の『ファウスト』（一九一三）の誤訳や、島村抱月の『故郷』の誤訳を指摘したとあるので、それに対して指摘された方がなにか残していないか確認してみた。抱月はスペイン風邪で早くに死去したので、反応は確認できなかったが、鷗外の弁明と謝辞は出てきた。鷗外は『ファウスト』の誤訳を指摘してくれた人びとを列挙し、三人目に向軍治について触れており、こういっている。

第三に指摘してくれられた人は向軍治君である。これは新人と云う雑誌に出ている。第一部の劇場にての前戯に、道化方がアイン・ブラアウェル・クナアベのいるのは劇場の利方だと云っている。この確（しっか）りした男は役者である。それを作者と誤って訳した。すぐその跡で、道化方が作者にブラアヴであれと云っているので、誤ったのである。イギリス訳には役者と云う語が入れてあるのがある。どのコンメンタアルにも役者とことわってある。高橋君も町井君も正しく訳している（鷗外より先に翻訳した訳者たち。鷗外は翻訳時に先訳を参照しない主義であった。筆者注）。それを私はうっかり誤った。そしてその誤のために、次の数句のうちにあるデンをデルと見誤った。向君には私はまだ礼を言わずにいる。新人の書振では、私なんぞが礼を言ったって受けられぬかも知れない。しかし兎に角ここで感謝の意だけ発表して置く。新人には別に二三の指摘がしてあったが、それは私のここで発表しようと思っている事件の範囲外だと、私は認める（森鷗外『森鷗外全集11』「不苦心談」筑摩書房より）。

翻訳にはどんな名手でも誤訳がつきものとはいえ、ドイツ語の天才といわれ、翻訳においても日本の第一人者であった鷗外も偉い。年下の向軍治が指摘する誤訳を素直に認め、謝辞を述べているからである。もっとも鷗外の方も向の変人ぶりを、その文章から読み取り、礼をいってもどんな言葉が返ってくるか見抜いているから、礼をいいそびれているところが二重におもしろい。

不戦条約論争

ちなみに向は本学在職中にもいくつかのエピソードを残している。かれが書いた『不戦条約文問題始末』（社会評論社　一九二九年）の目次を見れば、次のような痛烈な個人攻撃、帝国大学や外務省を罵倒するはげしい表現が並ぶ。

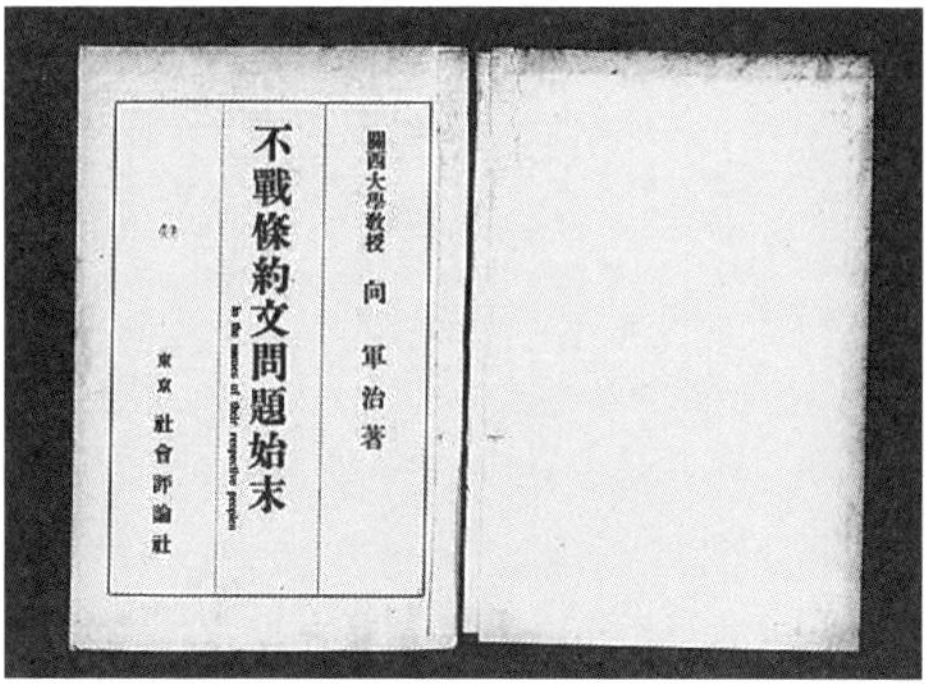

向軍治『不戦条約文問題始末』

これだけ見れば、何が問題になっているかはっきりしないが、そのコンテキストに少し立ち入っておこう。これは第一次世界大戦後の一九二八年に、アメリカ、イギリス、ドイツ、イタリア、日本などが署名した「不戦条約」（パリ条約）が背景になっている。この条約は、結局、六三カ国が批准した画期的なものであった。そのなかの条文の in the names of their respective peoples の訳を、時の外務省が「人民の名に於て」と訳したが、その後、これは誤訳であるとし、「国民の為に」と訂正をしたことから、論争に火が付いた。

現時点で訳文だけを見れば、何が問題なのだということになるが、この背後には天皇主権の国体論があって、外務省がわざわざ「人民の名に於て」を訂正したのは、右翼や野党の側からの国体論に抵触するという批判に応えたものであった。論戦には美濃部達吉や尾崎行雄らも加わり、新聞を賑わせた。それでもとくに民政党の総務、中村啓次郎、あるいは前駐独大使本多熊太郎は国体論の立場から条約を批判していた。それに対して、向は同書の肩書に「関西大学教授　向軍治」と明記して論陣を張る（関西大学年史編纂室の記録では向は講師となっているが、同書では教授。クリスチャンの向が嘘の職位を書くわけがないので、後に昇格したのか？）。同書の前半はこれまでのいきさつを述べたものであるが、向の筆致は次のようなものである。

……年末に「不戦条約文問題厳正批判」と云う小冊子に於て民政党側の愚論が発表せ

られた。その要点に答えたのが即「第三付録馬鹿程始末の悪い物はない」である。本年三月一日外交時報で本田熊太郎氏の愚論が発表された。その反駁が「本多熊太郎氏の愚論を駁す」である。……怪しからん奴等の言語道断の振舞いを憤って四月一日に請願を奉呈した。五月初めに美濃部博士の小冊子が出た。貧弱な帝大に筆誅を加える必用があると感じた。此小冊子が世に公にせられる様になった最初の動機である。文部省や帝国大学を廃止しなければ、我国は彼等に滅ぼされてしまう處がある。今回の条約は、前文に於て、天皇陛下が我らを代表して御出遊ばす、すなわち憲法十三条（旧）の通りになっている。その他条約文に何等欠点はない。留保も解釈も、理由もなければ必用もない。低能内閣が之を敢した罪、許すべからざるものがある。低能内閣に依って我国が米国で小児扱いにせられたことが、外務省の発表した『日米交換覚書公文』に拠りて、明瞭に窺われる。低能者に国家を委ねて置くことが、如何に国家にとって不利益であるかが、不戦条約問題の始末に依て適格に証明せられている。……（漢字の旧字体表記を現代表記に変更した）。

ここからもわかるように向は、いくら辛辣な舌鋒でも天皇制を前提にしている。当時、治安維持法（一九二五年、大正一四年施行）下において、同書が出版されているのは、その点を配慮しているからである。向は反戦論者であり、キリスト教的ヒューマニストであったが、反天皇ではなかった。このような序のあと、中村啓次郎に対する反駁がはじまるのであるが、その論調はますます激しさを増す。

中村氏がどんな愚論を吐こうが、それは同氏の御勝手で私の関する所ではない。只氏について騒ぐ馬鹿者共は筆誅してやる必要がある。馬鹿を相手にして議論すること程、骨の折れるものはない。賢い人なら一を聞いて十を悟るという調子に行くから。議論は容易だけれど、馬鹿には委細説いて聞かせても、先方で判断が能きないのだから始末が悪い。……

と前置きをしている。本文では以下の各項目を立て、具体例を挙げて論敵を完膚なきほど攻撃し、こき下ろすのである。

一　正成の積りの紳士に促す

二　学力がないのか、軽率なのか
三　中村氏は共和国のことを丸で知らない
四　中村氏は憲法を知らない
五　中村氏は国際法の知識が皆無である
六　畢竟中村氏は条約文の形式を知らない
七　要するに中村氏は、啻に語学の知識がない丈でなく、
　法律学の知識も皆無なのである

「正成の積りの紳士に促す」とは、楠木正成のような忠臣面をしている民政党の中村への当てつけであるが、なお本題の「人民の名に於て」の訳文については、中村は「天皇陛下が人民の名に於て条約を御締結遊ばす筈がない」と主張して、条約が天皇主権に抵触するとし、そもそも条約の原文が悪いという。向は、条約は何ら悪くなく、peoplesを「人民」と訳したのが間違いなのだとする。かれは「翻訳は文面を直訳することよりも原文の意味精神を完全に伝えることに重点を置くべき」だと反論する。

向は外国語に堪能だけでなく、国際法にも詳しかった。あのジーメンス事件（ジーメンス

社が日本の海軍の高官にわいろを贈った事件）の際には、英語とドイツ語の両方の通訳もおこなった経歴もある。かれは、共和主義国の委員が条約の条文を起草したことを見抜き、共和制と君主制の違いもよく理解していた。そのような知識もなく、中村や本多たちが国内の憲法と国体の視点だけで、条約の瑕疵を問題にするのは許せないと、向は義憤に駆られていたのである。

向はpeoplesという名詞の複数を「人民」ではなく国家と訳して、in the names of their respective peoplesを「各自の国家を代表して」とし、国体、すなわち天皇制との矛盾を解消しようとした。これが向の結論であり、「不戦条約」は「非戦条約」にと主張した。こうすれば日本の旧憲法一三条にも抵触せず、条約締結ができると語る。その真意を「平和思想が何だか了解しない」連中が難癖を付け、「貧弱な人間に限って、独り善がりで、下らない屁理屈をいう」と批判する。ここには向の反戦平和を願う強い信念が、その激しい言葉の奥に渦巻いていたのである。

結果的に日本は不戦条約に署名した。向の主張がどこまで効果があったかどうかはわからない。しかしその後、国体論者は美濃部達吉の「天皇機関説」にも攻撃の矛先を向け、美濃部は国粋主義者の批判のターゲットになるのである。美濃部とはその影響力からすれば雲泥の差があるとはいえ、向もやがて批判にさらされることになる。

ラジオで反戦論をぶつ

向の論法はこれまでもそうであったが、関西大学時代でも変わらなかった。その反戦論は当時の軍国主義へひた走る時代風潮のなかで当然、物議を醸し、衝突する運命にあった。向の関西大学在職中の一九三五年（昭和一〇年）に、ラジオによる反戦放送問題が起きた。ドイツ語が堪能であった向は、当時のNHK大阪放送局（JOBK）のドイツ語講座に講師として呼ばれた。そのなかで向は最初、ドイツ語を順調に手ほどきしていたが、放送中、話がだんだん軍部批判、文部省批判、そして反戦論におよんだので、局の関係者は周章狼狽して放送を中断した。

向はその場から警察に拘留され、当局によって尋問を受けた。小川先生はその経緯を、向の三男、和歌山市在住であった小野田光氏に聞き、こう述べている。「彼は尋問の際に滔々と反戦論をぶちあげ、相手に一語も反論の余地を与えなかった」。「係官相手に、反戦を唱える自分が真の愛国者か、それとも弾圧する君が真の愛国者か」と迫り、向は「一官憲の到底太刀打ちできる相手ではなかった」ので、とうとう釈放されたという。

しかし向のラジオ放送事件で関西大学にも、当局から圧力がかからないはずがない。本学の卒業生で弁護士であった、春原源太郎（後に専務理事）が当時の模様を書き残している。向は「法学博士の学長を戴きながら本学の自由に対する干渉を甘受し得ないとして憤然学園を去った」とあるので、よほど印象に残った人物であったのだろう。

名物教授向の一途な反骨精神や戦争反対論は、軍国主義の暗雲に包まれた関西大学の歴史のなかでも、いぶし銀のような光を放っている。どんな時代風潮であっても節を曲げなかった向は、一九四三年（昭和一八年）に死去したが、真の意味でのキリスト者であった。せめてポツダム宣言受諾まで生き延びて、軍国主義の敗北を目の当たりにした向の、吼える雄姿が見たかった。

6—3　国策としてナチス・ドイツへの傾倒

よく知られているように、昭和の日本は親仏的な路線を歩まず、ヒトラーのナチス・ドイツ、イタリアのムッソリーニとの繋がりを次第に深め、日独伊三国同盟（一九四〇）へと突き進んでいった。その思想的リーダーの役割を果したのが、ナチスのイデオローグのハウスホーファー（一八六九—一九四六）であった。

日本では太平洋戦争以前に地政学という言葉が流行ったが、それはハウスホーファーの影響である。この学問はとくに植民地獲得競争の時代に、軍事と地理的戦略構想とのかかわりから重要視された。ハウスホーファーはバイエルン王室の軍事オブザーバーとして、早くも一九〇八年から一〇年にかけて日本に滞在した。ただし一般にいわれているような駐留武官の身分ではない。

ハウスホーファーは日本の宮中でも大歓迎され、そして明治天皇、桂太郎、後藤新平、寺内正毅、奥保鞏参など、多くの日本の政治的・軍事的指導者たちと知己を得た。ただし東京滞在は短く、かれはおもに京都が気に入り、そこに腰を落ち着けた。極東の日本から世界を見ることにより、かれの地政学研究の基礎が日本における滞在で確立した。ハウスホーファーは日本文化に造詣が深く、多くの日本に関する著書を出版し、日本語も流暢に話すことができたので、ドイツでも日本通として知られていた。

こうして政府レベルで日独はつながりを深めていった。それは関西大学にも間接的に影響を及ぼし、好戦的なナチスの賛美へと展開していく。昭和一〇年代の関西大学の年史を見れば、戦争の雰囲気が色濃く感じ取れる。

そうこうしているうちに、さらに戦時体制が進み、軍事訓練、将校の駐留、興亜勤労報国隊の派遣などが話題になっていく。一九三六年に関西大学は創立五〇周年を迎えるが、元講師坪内士行は、学友会新聞部が発行した五〇周年記念号の『背光』に、「文部省と文芸」を寄稿し、当局が『ハムレット』を、叔父殺しで「母親の不倫を子が責め立てている」、これはデンマーク王室の話で、「ひょっとすると国際問題を引起こさぬとも限らぬ」とクレームを付けたことに対して憤慨し、文部省による検閲を批判している。しかし一九三七年七月二一日、文部省は教学局を新設し、国家主義的な講義を開講するよう、帝国大学、官立大学、私立大学に命じた。

したがって関西大学もその通牒の統制下に入り、講演会も国粋主義的な傾向を深めていく。京大教授を定年退官した神戸正雄が関西大学学長に就任し、たとえば一九三七年一二月に「国家至上精神」、一九三八年一二月一二日には文学博士の吉澤義則が「日本魂」、一九四〇年六月三日に神宮奉斎会会長が「国体の本義」という極端なナショナリズムにもとづく講演をおこなっている。

なお当時の関西大学生の尊敬する人物としては、西郷隆盛、楠木正成、ヒトラー、野口英世……という順位になっている。愛読書に至っては『我が闘争』が群を抜いていて、『ドイツ戦没者の手紙』も見える。もちろんフランス文学も含まれているが、一九三八年八月から一一月にかけて、ヒトラーを賛美するヒトラーユーゲントの三〇人の来日も、大きな話題を呼んだ。かれらはもちろん関西大学へ立ち寄ったわけではないが、世相を映し出す鏡のような役割を果たした。

戦雲は国家だけでなく、大学、学生、教職員の上にのしかかってくる。『我が闘争』が当時、関西大学生の愛読書のトップになったことは、他大学でも同じ現象が起きていたはずである。それははからずも学生の生き方にも影響を与えていった。『関西大学百年史』を見ると戦場に出征した学生、特攻を志願した関西大学生の手記が遺されている。多感なかれらは死を美化した時代風潮のなかで、生と死の深い断層をみつめ、懊悩していたはずである。しかし残された手記としては国の大義に殉ずるというものしかない。何十年年月が経っていても、それは重い問いかけを残し続けてくる。

一方、外交官から身を引いてフランスへ帰国していたクローデルも第二次世界大戦の戦火を経験する。世界大戦中、クローデルはナチスに占領されたパリで、活動を制限された。その結果、かれの著書『接触と環境』は発禁になったが、それでもかれはナチスのユダヤ人迫害に抗議している。そのような状況のなかでも、クローデルは敗色が濃くなっていく日本の行方を案じていた。それほどクローデルが日本の友人たち、日本文化の伝統、とくに能、歌舞伎、文楽を愛していたからである。

なお建築家である安藤忠雄氏は、日本経済新聞の「私の履歴書」の欄（二〇一一年三月三十一日朝刊）で、東日本大震災と原発事故に遭遇した日本をダブらせ、一九四三年にクローデルが親友のヴァレリーに日本の将来を案じて語った言葉を引いてこう述べている。

　フランスの詩人ポール・クローデルは同じく詩人で友人のポール・ヴァレリーに「私はこの民族だけは滅びてほしくないと願う民族がある。それは日本民族だ」と話したという。その日本は存亡の危機にある。今こそ第三の奇跡を起こすべく、日本は真に変わらなければならない。

これは日本大使を務め、姉が日本美術に造詣が深かったクローデルの真意であろう。クローデル自身も日本文化に深く傾倒し、その文化を愛していたので、ヨーロッパから敗色が濃くなった日本の将来を案じ、再生を願っていたのである。

コラム7　関大生の愛読書ナンバー1
ヒトラーの『我が闘争』の翻訳問題

一九二三年一一月八日夜、ミュンヘンのビアホール、ビュルガーブロイケラーでナチスによる一揆が勃発した。ナチスの旗揚げとして有名なこのミュンヘン一揆は、一種のクーデターであった。これは直接的には、ヒトラー率いるナチスがフランスとベルギーによるルール地方占領を契機に、弱腰の対応しかしないワイマル共和国政府とバイエルン州政府の打倒を目指した運動である。しかし計画が杜撰で、これは翌日政府軍によってたちまち鎮圧された。

ヒトラーと仲間も逮捕され、首謀者のかれは禁錮五年の刑を受けた。しかしこの裁判においてヒトラーは、一揆は救国の手段としてやむにやまれずおこなったものであり、アンチマルクス主義の立場を雄弁に主張した。その結果、裁判所の雰囲気はがらりと変わり、ヒトラーは保守派の論客として名を馳せるようになった。世論もクーデターに対して同情的であった。というのもドイツは戦後の混乱から立ち直れず、ヒト

『我が闘争』（1926—28年版）初版本

ランツベルク刑務所のヒトラー（左端）とヘス（右から２人目）

ラーの主張に賛同した人びとは、ワイマル共和国政府の無策ぶりを批判していたからである。

そのため、ヒトラーを筆頭に一揆参加者のランツベルク刑務所における監禁はゆるやかなもので、面会も許され、かれらに差し入れをするものも多かった。面会人と自由に話すこともできたので、ヒトラーは快適に別荘のような刑務所で過ごし、この時代にゆっくりと思想書を読み漁って知識を広げた。その間、ヒトラーが『我が闘争』を側近のヘス（一八九四—一九八七）たちに口述筆記させたエピソードはよく知られている。しかし実質的にはヒトラーが執筆したのが実情であった。

ヒトラーが日本をどう見ていたのかについては、視点によって諸説ある。ナチスのイデオローグ、ハウスホーファーが日本通であったので、ヒトラーがその情報から天皇制にもとづく一致団結した「国体」については高く評価していたのは事実である。またナチス・ドイツは、日独伊三国同盟締結以降では、日独同盟について摩擦が起きないよう外交的な配慮をしてきた。さらに日本が太平洋戦争に突入したときにも、ヒトラーはこれをポジティブに受け止めた。イタリアが早々に前線を離脱したのに比べ、ドイツとともに敢闘した日本を高く評価していた。

ところがこれらは、ヒトラーの世界戦略上のスタンスであって、いわゆる表の顔である。ヒトラーには首尾一貫して変わらなかった人種主義への信念があり、これがヒトラーの思想の根幹であった。『我が闘争』においてヒトラーは、日本について触れ、その文化的特徴について次のように述べている。

もし、人類を文化創造者、文化支持者、文化破壊者の三種類に分けるとすれば、第一のものの代表者として、おそらくアーリア人種だけが問題となるに違いなかろう。……日本は多くの人々がそう思っているように、自分の文化にヨーロッパの技術をつけ加えたのではなく、ヨーロッパの科学と技術が日本の特性によって装飾されたのだ。……それ（日本文化：筆者加筆）はヨーロッパやアメリカの、したがってアーリア民族の強力な科学・技術的労作なのである。これらの業績に基づいてのみ、東洋も一般的な人類の進歩についてゆくことができるのだ。……

今日以後、かりにヨーロッパとアメリカが滅亡したとして、すべてのアーリア人の影響がそれ以上日本に及ぼされなくなったとしよう。その場合、短期間はなお今日の日本の科学と技術の上昇は続くことができるに違いない。しかしわずかな年月で、早くも泉は水がかれてしまい、日本的特性は強まってゆくだろうが、現在の文化は硬直し、七十年前にアーリア文化の大波によって破られた眠りに再び落ちてゆくだろう。だから、今日の日本の発展がアーリア的源泉に生命を負っているのとまったく同様、かつて遠い昔にもまた外国の影響と外国の精神が当時の日本文化の覚醒者であったのだ（平野一郎他訳、なお（『我が闘争』のタイトルは、戦後は『わが闘争』）。

ここからもわかるように、アーリア人種第一主義を標榜するヒトラーは、アジアの日本人を文化の創造者ではなく、二流の文化支持者とみなしている。すぐれたアーリア人種の叡智によって、日本をはじめアジア民族は現状維持をしているというのである。ちなみに第三の文化破壊者はユダヤ人たちを指す。

　ここにヒトラーの人種観や日本観が如実にあらわれている。もしヒトラーが第二次世界大戦で勝利しておれば、結局ドイツは日本を属国扱いし、日独には人種問題をめぐって、大きな亀裂と確執が生じたことであろう。ところが戦前の日本はヒトラーの人種観の核心部分を看過して、ナチス賛美に走った。事実、『我が闘争』の戦前の翻訳は、関西大学図書館の蔵書だけ調べても、眞鍋良一訳（興風館、昭和一七年刊）や、大久保康雄訳（三笠書房、昭和一二年刊）でも、この「日本蔑視」の部分をカットして出版していたのである。当時の検閲官がそれを指示したのではなく、いわばこれは訳者の判断で、自主検閲をした結果であると考えられる。戦前の日本に人種問題に精通し、鋭くこの問題点を指摘できた検閲官はいなかったからである。

　同様な意味において、ヒトラーのユダヤ人蔑視についても、日本はこの思想をあまり重要視していなかった。というのも日本国内では、ユダヤ人を直接見る機会がほとんどなかったからである。それに対して、日本側においてユダヤ人問題に直面したのは、有名なリトアニア領事館の領事代理杉原千畝であることは、現代ではよく知られている。しかし杉原が逃がしたユダヤ人の行方については、日本では歴史の闇に埋もれたままである。

　当時、杉原が発行したビザによってユダヤ人の多くはソ連経由で、まずアジアに向かった。行き先は当時日本が占領していた上海であった。ナチスは日本の当局に対してユダヤ人排斥を訴え、何度も警告を発した。日本政府側はそれを聞いたが、現場ではナチスの人種主義を無視し、一部のヒューマニストたちは、ユダヤ人の保護に尽力をした。

　上海では流入してくるユダヤ人難民に手を差しのべたのは海軍大佐、犬塚惟重である。かれはすでに一九三九年から、上海の共同租界でユダヤ人難民の救済をおこない、収容施設を確保し、食料を提供した。その意味において、第二次世界大戦時の日本は人種主義に関しては、大きな矛盾を抱えていたといえる。これはユダヤ人差別に対するナチスと日本の乖離現象を示すもので、『我が闘争』の翻訳における自主検閲も、このようなメカニズムのなかで生まれていたのである。

6–4　戦後の日本におけるフランスへの揺り戻し

一九四四年一二月三〇日、クローデルの若きの日の同級生であるロマン・ロランが死んだ。この作家は日本でも『ジャン・クリフトフ』や『魅せられたる魂』の作品で知られているが、それを追悼してまずフランスにおいて、夫人らの発案で「ロマン・ロラン友の会」が創設された。友人のクローデルが初代会長、ジャン・カスーとヴィルドラックが副会長、ルイ・アラゴンが理事、会員にマルローなどがいた。

ロマン・ロラン

設立主旨として「『友の会』は、人種、国籍、イデオロギーを問わずおよそロマン・ロランの作品ならびに人格に関心をもち、その作品と精神を尊重しようとし、それをよく理解し、広めようと思う者は誰でも喜んで会員に迎える」と謳われている。続いてオランダ、ベルギー、スイス、チェコスロヴァキア、ソ連、ドイツ、アメリカでも同様な「友の会」が結成された。これらの背景には、ロマン・ロランのヒューマニズム、反ファシズムの理念を通じて、二度と悲惨な世界大戦を起こさないようにという悲願が込められていた。

とくにアメリカの「友の会」の発足に中心的な協力したのは、日本人を母（青山光子）にもつリヒャルト・クーデンホーフのパン・ヨーロッパ運動に賛同した人びと、あるいはそのゆかりのメンバーであった。たとえばそのなかには、シュテファン・ツヴァイク（ナチスに追われ、イギリス、アメリカ亡命後、ブラジルで一九四二年に自殺）の元夫人、アインシュタイン、ブルノー・ワルター、フリッツ・フォン・ウンルーらの名前がみえる。かれらはナチスから逃れてアメリカへ亡命した人びとであった。奇妙な人脈の連鎖である。

その流れを受けて、一九四九年に日本でも「ロマン・ロラン友の会」が設置された。当時の発起人の役員名簿が残っているので、引用しておこう。

委員長　片山敏彦、**副委員長**　宮本正清
委員　蝦原徳夫、小尾俊人、佐々木斐夫、高田博厚、上田秋夫
顧問　安倍能成、天野貞祐、小宮豊隆、マルセル・ロベエル、宮本百合子、武者小路実篤、野上豊一郎、谷川徹三、辰野　隆、田中耕太郎、後藤　恭
評議員　河盛好蔵、丸山眞男、宮島綱男、守田正義、中村眞一郎、千田是也、以下略

会の発起人の評議員に、すでに本書で触れた宮島も、河盛好蔵とともに名前を連ねているし、後の日本の演劇を背負って立つことになる、ブレヒト劇を導入した千田是也もいる。委員長の片山敏彦（一八九八―一九六一）は、高知県出身のドイツ文学者であるが、ロマン・ロランにも惹かれ、すでに一九二五年に友人たちと小規模な「ロマン・ロラン友の会」をつくった中心人物であった。かれは一九二九年に渡独した折に、スイスのロマン・ロランやシュテファン・ツヴァイクに会っている。

パリにいた倉田百三、尾崎喜八、高田博厚なども同様である。日本国内においても、軍国主義に対して背を向けた知識人たちは、ロマン・ロランの作品や非政治的な内面の抒情の世界へ沈潜した人びとが多く、かれらは旧制高校の世代に、リルケや堀辰雄の詩の世界に傾倒した経験をもつ。

ロマン・ロランの会は厳密に見ると、片山派ともいうべき高田、佐々木、谷川、河盛、宮本、中村などが、すでに雑誌『大街道』、『世代』、『高原』を通じ、人脈を形成していた。かれらが片山委員長を支える中核グループであることがわかる。顧問の安倍能成、天野貞祐、宮本百合子、武者小路実篤、野上豊一郎、谷川徹三たちの、超有名人は、会の主旨に賛同し名前を貸しただけであったと推測されるが、いわゆる右翼、左翼を問わず、ヒューマニズムを標榜する斯界の錚々たる文化人が名を連ねている。

ロマン・ロラン夫人の主旨どおり、日本でもこれほど多くの文化人が一同に名を連ねたのは珍しいといえる。この人びとには、立場の違いによってロマン・ロランに対する見方に温度差はあるにせよ、共通項としてインターナショナルなヒューマニズムの連帯意識を形成していった。かれらを結びつけた中核は、いわゆるヨーロッパ的伝統精神ともいうべき、反ファシズム、反戦・平和主義、理想主義であった。悲惨な戦争体験が、これらの異質な人びとを一同に集めたのである。河盛好蔵、宮島綱男など関西大学ゆかりの人びともその系譜に位置づけられる。

第7章　伝統を継承した人たち

7-1　岩崎卯一のアメリカ修行

岩崎卯一は関西大学において、「学の実化」の第一号として派遣留学生となった伝説の人物である。一八九一年（明治二四年）佐賀県生まれであったが、高等小学校卒業後、未成年のうちに両親を亡くす。親類の援助で旅順夜学校に通うも、病気のため帰郷。やがて叔父の兵庫県警察署長の援助を受け、兵庫県で巡査を拝命していたが、その当時から外国人に英語を習い、警察の通訳をやっていた。やがて法律を学ぶために関西大学に入学し、特待生に選ばれ在学中に弁護士試験に合格した。

一九一五年（大正四年）に関西大学を卒業後、留学を決意する。そこで大学が留学費用を貸与し、その代わり帰国後、関西大学教授就任を条件にしたということであるので、若い時代にすでに将来を嘱望された人物であったことがわかる。最初、岩崎はドイツ留学を考えていたが、第一次世界大戦中で敵国であったのでこれを断念した。そこで一九一五年にアメリカに渡り、イリノイ州のノックス大学で大学入学の準備をした。

その後、ニューヨークの名門コロンビア大学に入学しようとしたが、資格不足のため、却下された。アメリカでは日本の弁護士資格など一顧だにされなかった。しかし交渉の末、四年編入することを許され、一年後、学部卒業と同資格と認定されたので、大学院に進んで政治社会学を専攻することにした。

その当時、岩崎はニューヨークで社会主義者片山潜と知り合いになっている。片山は社会党を結成し、ストライキをあおった罪で投獄されていたが、恩赦で釈放され、アメリカへ亡命していた。その頃、ニューヨークのアメリカ人の家で料理人として働いていたという。片山は岩崎の印象では革命家らしいところはなく、好人物にみえた。いずれにせよ、アメリカは左翼の人びとをも受け入れる懐の深さをもっていたのである。

さて岩崎は大学院では、社会学の分野における第一人者、ギディングス教授のゼミ生になることができた。やがて出国して五年間の月日が流れ、ようやくドクター論文を書き上げたが、執筆状況や論文審査について、岩崎はみずからの著書『社会学概論』のなかで、次のように述べている。

大正九年（一九二〇）の夏期休暇には、ドクター論文を準備するために、ワシントン市に移り、そこの議会図書館で暑い六十日間を過ごした。現代日本の政治状態を、社会学的な手法で分析するのが、ドクター論文のテーマであった。……九月中旬に、ニューヨーク市の宿舎に帰った。それからの一ヵ月間は、自室に篭居して、人に逢わず、新聞も読まず、いままでに集めた資料を前にして、タイプライターのキーを、我流の指先でたたきつづけた。食事は、近所の食料品店から配送してくれるサンドウィッチと牛乳とで済ました。思えば、一ヵ年余のずぼらの祟りがこの始末を産んだのである。ドクター論文の提出期は、十一月十日であった。書きためた原稿を、当時ニューヨーク・ヘラルド・トリビューン紙の駆出し記者だった友人スターン君 Mr. ROBERT L. Stern に見せて、一応英文を訂して貰い、それをまた同君の若い夫人にタイプして貰って、期日ぎりぎりに大学に提出した。が、一ヵ月の無理がたたって、体重が二貫目（約七キロ）ほど減じただけでなく、不眠症になった。……

大正九年（一九二〇年）十二月十日に、わたくしに対するドクター学位の最後試験が、思い出深いケント・ホール六階の一室でおこなわれた。満五年前のこの日に、わたくしは横浜港から船出して、故国を後にしたのであった。わたくしは、すでに満二十九歳になっていた。社会学科の主任ギディングス教授を議長とし、大学院政治学部の主任教授十人ほどを試験委員とした試験場は、ものものしいものであった。わたくしは諸教授の前の椅子に座をあたえられた。裁判所の法廷に一人立たされた被告人の姿が、おそらくその場のわたくしの姿であったに違いない。諸教授の質問は多岐にわたったものであったが、多くはわたくしのドクター論文『日本政治における現實諸勢力——一八六七年から一九二〇年までの政治闘争の略述』……に集中された。質問された教授は八人ぐらいだったように思う。わたくしは、いろいろな質問に対して怯めず臆せず答えた。」ここでしくじっても、半年待てばまた受けられる、留学費には心配しないでもよいのだ、などと心の片隅で思いながら——。レコード破りと後でいわれた一時間半ほどの長い口頭試問ののち、評議するからしばらく室外でまてといわれた。そこで廊下に出た。五分後に、テニー助教授が試験場から出てきた。いま一度這入れと呼んだ。なに心なくその人を仰ぐと、不断のむつかしい顔が、笑顔に変わっていたではないか。そのとたん、わた

学位記授与式の岩崎卯一

ギディングス教授

くしの両眼がかすんできた。室に入ると、六十五歳のギディングス教授が、先に腰を上げ、悠々たる足どりでわたくしに近づき、「わたくしは、これから貴君をドクター岩崎と呼ばねばならない。おめでとう」と言いながら、大きな掌で痛いほどの握手をされた。

岩崎は一九二一年に博士号を取得したあと、一年間、ヨーロッパ旅行をして六年後に帰国している。これが岩崎のアメリカ留学時代の簡単な経緯ということになる。岩崎はコロンビア大学のギディングス教授を終生尊敬し、その師に近づこうとした。写真を自室に飾り、たえずその姿を見ながら研究にまい進したという。

7−2　岩崎学長の慧眼

まず岩崎の慧眼は、大学で政治社会学を研究対象に選んだことである。当時、政治社会学は新しい学問領域であり、岩崎はこれを日本に導入した草分けのひとりとなった。岩崎はテンニース（一八五五―一九三六）のゲマインシャフト（共同社会）とゲゼルシャフト（利益社会）の概念を適用し、関西大学をゲマインシャフト（関大一家）と位置付けた。そして父母、学生、教員、経営者を共同体として、結束を図って発展を願った。これは後に法人と教学を車の両輪にたとえる考え方や、教育後援会の推進という久井忠雄理事長の理念に受け継がれた。久井は岩崎学長の関西大学に寄せる想いを実現していったのである。

筆者は年代的には差があるので、岩崎学長をまったく知らない。恩師の故小川悟教授が「正義を権力より護れ」を口癖にしていたので、その名前と反骨のイメージを抱いてきた。たしかに岩崎は当時としてはかなりリベラルな思想をもち、それを実践したが、今回、調べてみて相手を批判したり攻撃したりするのではなく、論理的に説得するタイプの人物であることがわかった。しかも苦労人だけに人情の機微に通じていた。

留学による国際性や社会学的思考方法によって、岩崎は大学、社会、時代を客観的に分析できたのだろう。かれはキャッチコピーの名手であったといえる。学長就任時に標榜した「関大ルネッサンス」、「関大アカデミア」、「ハイト関大」などのスローガンは、外国語と組み合わせ、モダンなイメージでアピール力を増幅した。現代でも出版社の編集者の意見では、「本のタイトルも日本語と外国語をミックスしたものは売れ行きがいいんです」と聞かされた。そして有名な「いかなる種類の権力のむちにも、あえて闘争する熱意と勇気とを把持せねばならぬ」という言葉は、本学の学是となって岩崎学長以降でも受け継がれていった。「関大ルネッサンス」について、岩崎学長は学生たちにこう語りかけている。

われらの関西大学は、いま文化的ルネッサンスのあけぼのを、迎えんとしている、この文化復興機運は、戦いに利あらざりし自国を担う若い世代人の、深い自己批判と、鋭い知性の目覚めと、高い新理念の構想とに基く一般風潮の一余波であるかも知れぬ、しかし、学の殿堂たるわれらの大学を良き識と豊かなる知とをもつて、たくましく衛り抜かんとする学徒は、かかる風潮の単なる高踏者、傍観者、追随者、あゆ者であつてはならぬ、われらはこれを飽くまで主体的に把握せねばならぬ、ここにいう主体的とはマルクスがかつてフォイエルバッハ批判にていみじくもかつ破せるごとく実践的にしかも革

命的に体現することである、しからずんば、関大ルネッサンスはわろうべき言葉の乱舞にだするであろう

関大ルネッサンスの中核は、何ものであるか、これは、関人の長き伝統のなかに秘められた「真理究明」の真ていを、新たに再発見することである、真理こそ文化を酵母とする権威の核心である、外なる剣と力とに依り、押しつけられたる服従は、文化国の冒とくであり、学徒としての自己べつ視である、内なる思索とえい智とにより、進みて捧ぐる帰依こそ、権威としての文化の強く要請する処である、真理の探究にのみ全生命をとして悔いざるわれら学徒は、いかなる種類の権力のむちにも、あえて闘争する熱意と勇気とを、固く把持せねばならぬ、これのみが、関大の誇りであり、関大学徒の学風であらねばならぬ（後略）

岩崎の格調高い演説は、戦後の困難な時代を切り開いていこうとする情熱にあふれ、聴衆のこころを打った。こうして岩崎はカリスマ性をもっとも備えた学長となっていった。

コラム8　ノスタルジア

ゲマインシャフトという言葉は、もう一種のノスタルジアの響きをもつ語になってしまった。この言葉を好んだのは、岩崎学長を敬愛していた故小川悟名誉教授であった。かつて学生部長をしていた小川先生は、学園祭の後夜祭に登場し、学生を前に演説をした。冒頭、「諸君は酩酊しているか!」と切り出す。すると学生たちは「ノー!」と応答する。「しからば語ろうではないか、学生諸君!……」。

先生の演説は人を酔わすものがあった。そして最後に学生たちと肩を組みながら、「逍遥歌」を歌う先生はうれしそうに見えた。そこには体育会系の学生も、対立的立場の学生運動を主導していた文化会系の学生も一体化し、ひとつに溶け合う姿があった。これが関西大学ゲマインシャフトの世界だったのかもしれない。

その意味では演説や歌の力は大きい。小川先生は学歌や「逍遥歌」を好んだ。大正時代につくられたといわれる「逍遥歌」は、校友には現代でも根強い人気がある。二八という表現は、大学予科の一六歳の別表現であることなど、解説をしなければならないところもあるが、歌われている詩的叙情の世界、自治や自由の標榜などは、大正ロマンや大正デモクラシーの精神を彷彿とさせる。

逍遥歌（作者不詳）

嵐劈く鳳の
翼休めし自治の山
緑の香りいと高き
千里が丘の春雨に
我等二八の夢に酔う

金蘭の花散りて無し
千里が丘に月落ちぬ
眺むる彼方白明に
かりがね高く　鳴きて飛ぶ

嗚呼青春の若き夢

浪華の都に華と咲く
名も千陵の丈夫が
葦の葉繁れる淀川に
暫し咲きけん自治の花
自由の曲ぞ今誦ぬ

歌の効用といえば、ドイツ滞在中に同じような経験をしたことがある。南ドイツの郷土色豊かなカーニヴァル（ファッシング）を見学するために、ヴォルファッハという町を訪れ、夜、ホテルのレストランで食事をしていた。そこへカーニヴァルの楽隊の一行が打ち上げのためにやってきた。人懐っこいかれらは、すぐ話しかけてくる。お決まりのどこから来たのかの質問から、いつのまにか「俺たちとビールを飲もう」ということになってしまった。

陽気なかれらは演奏にあわせて、民謡の合唱を始めた。そのなかで年配のドイツ人の愛唱歌、「別れの歌」Muss i denn の番になった。この歌は学生時代に歌詞ともども覚えさせられたので暗唱できる。だれかが「日本人のやつ、Muss i denn が歌えるぞ」という。もうそこには日本人もドイツ人もなかった。その場にいるものがみんな、腕を組み仲間になった。これこそゲマインシャフトの一体感というものであろうか。歌は一気にこのような連帯を生み出すものである。ただしその夜はすっかり酩酊してしまった。

Muss i denn という民謡は、ドイツの遍歴職人の歌である。他国の親方のところで遍歴修行の義務を課せられていた若き職人が、故郷を去るときに恋人に歌ったものである。南ドイツのシュヴァーベン訛りの i が ich、net が nicht、han が habe であることぐらいに気を付ければ、リフレインの多いやさしいドイツ語である。参考のために一番だけ対訳をして載せておこう。

Muss i denn

Muss i denn, muss i denn
zum Städtele hinaus, Städtele hinaus,

別れの歌

どうしてもぼくは、どうしてもぼくは
この町から去らねばならないのだ

Und du, mein Schatz, bleibst hier?
Wenn i komm', wenn i komm',
wenn i wiedrum komm',
Kehr' i ein, mein Schatz, bei dir.
Kann i glei net allweil bei dir sein
Han i doch mein Freud' an dir!
Wenn i komm', wenn i komm',
wenn i wiedrum komm',
Kehr' i ein, mein Schatz, bei dir.

この町から
いとしい君をここに残してね
ぼくが帰ってきたら、帰ってきたら
再び帰ってきたら
いとしい恋人よ、君のところに戻るよ
ずっと君のそばにはいられないけれど
ぼくの喜びは君のそばにいることなんだ
ぼくが帰ってきたら、帰ってきたら
再び帰ってきたら
いとしい恋人よ、君のところに戻るよ

7―3　岩崎学長と清水幾太郎

岩崎と清水の出会い

清水幾太郎が岩崎卯一と深いかかわりがあることを、筆者は迂闊ながら知らなかった。今回、資料を調べているうちに、その関係が明らかになった。清水幾太郎が戦後政治に与えた影響は、とくに六〇年安保で中心的役割をはたしたということで、一定年齢以上の人ならほとんど知っていよう。あるいは思想的「転向」で一大論争を引き起こしたことでも有名である。ちなみに岩崎は清水より一六歳年上であった。

清水と岩崎の接点は社会学にあった。そのかかわりから最後の別れまでのいきさつを、清水は関西大学雄弁会が出版した『岩崎卯一先生の追憶』という本に寄稿している。これは岩崎が死去した約一年後の一九六一年に出版されたものであるが、当時の編集担当者が清水に原稿を依頼したのであろう。清水は、時の人で多忙を極めていたにもかかわらず、こころのこもった流麗な追悼文を残している。それは「寛大な先生」というタイトルでしたためられている。「寛大」は「関大」の二重の意味なのだろうか。

最初は清水が旧制高校生のころ、岩崎の著書『社会学の本質と体系』が日本社会学会の学

清水幾太郎

岩崎卯一

会誌で紹介されていたので、読みたくて探していた。けれども「非売品」ということであったから、清水は社会学会へ葉書を出し、どこで入手できるのかを問い合わせた。しかし返事はなかった。あるとき清水の元へ本が届いた。おそらく学会の事務局が岩崎へ連絡して、それで岩崎が直接清水に本を贈ったのであろう。それからの付き合いで、清水はこう語る。

清水の岩崎追悼文

少し長くなるが、岩崎の人柄がよく描写されているので、清水の追悼文を引用しておきたい。

私がお礼の手紙を差し上げ、自分の身分や年齢や志望を書いたのに対し、わざわざ、鄭重なお手紙を頂き、終始、私が一人前の社会学者であるかのようにとりあつかって下さった。それ以前も、それ以後も、私は多くの人々から温かい好意を与えられはしたが、あの時に先生から受けた好意は特別のものである。……

一九三〇年代の中頃であろうか、私は頻繁に嵐山の大藪山荘（岩崎がそう名付けていた住居、筆者注）に先生をお訪ねした。私はすでに東京帝国大学を卒業していたし、若干の著書も公けにしていた。しかし、どこかの大学で社会学を講じているわけでもなく、どこかの研究所で社会学を研究しているわけでもなく、ただ、東京の町の真中に投げ出された、学問の好きな一人の青年であった。生きて行くために、古い言葉を使えば、私は売文の道を歩いていた。その上、「学問の好きな」と書いて、「社会学の好きな」と書かなかったのも、アカデミックな社会学には飽きてしまい、その反面、マルクス主義を支配する――今日の言葉を使えば――スターリン主義にやりきれない嫌悪を感じていたためで、むしろ、私はとりとめもない気持ちで学問を好み、小さな評論を書いている青年であった。……

お訪ねした時は必ず大藪山荘に泊めて頂いた。私が何を話したかは全く覚えていない。恐らくは、滔々としてファッシズムへ進んで行く日本の政治について愚痴をこぼし、わが身の不遇について愚痴をこぼし、社会学および社会学者の無力について愚痴をこぼしていたのだろう。愚痴をこぼすために、私は頻繁に嵐山のお宅を訪れ、泊めて頂いていたのだろう。いつも先生は「ウン、ウン」と聞いて下さった。その他は何も覚えていないが、東京では誰からもなかなか与えられぬ寛大を先生から与えられ、それで私が満足していたことだけは確かである。お別れする時は、「あぶない世の中だから気をつけて下さい」と言って下さった。……

暗い時代は益々暗さを増して行った。私と社会学との関係は夙に切れていた。物質的にも、精神的にも、私は社会学などで生きて行くことは出来なかったからだ。私は臆病な評論家になっていた。しかし、先生との縁は切れなかった。

私が大藪山荘を訪れるのは次第に稀になっていた。その頃、日本社会学会の用事で御上京になったのであろう。先生は、東京の市ヶ谷の、法政大学と濠を隔てた私の家へお見えになったことがある。どういうお話を伺ったか、どういうおもてなしが出来たか、何も覚えていない。覚えているのは、当時、妻が或る女学校へ勤めていて、その日は留守であったということだけである。だから、おもてなしが出来た筈がない。

これから東京駅へ行かれるという先生と一緒に、私は同じタクシーに乗ることになった。東京駅へお送りするつもりであったのだろう。タクシーは市ヶ谷から九段へ出て、妻が勤めている女学校の前を通る。これが家内の勤先ですと私が指さした途端、先生は車中で帽子をとって、校舎の方へ向かって丁寧にお辞儀をされた。あの時もそうであったが、今、この文章を書きながらも、私は途方に暮れた気持ちになり、同時に、少し涙が出て来る。

暗い時代の暗さが増してきた末、私は陸軍徴員としてビルマへ送られることになった。一九四二年一月中旬、私は大阪城にある中部軍司令部に入った。といっても、輸送船の都合で、一カ月以上も梅田新道の大阪中央ホテルという宿に泊められ、毎日、扇町公園で敬礼の練習をやり、斥候の心得などを教えられていた。死地へ送られるという不安と寂しさ、それに、毎日イライラした退屈、この生活に耐え切れなくなって、私が先生に葉書を出したのだと思う。先生は御堂筋のガスビルの魚料理専門のレストランで私のために送別会を開いて下さった。送別会とはいえ、先生と私と、それから、私の見送りに大阪へ来ていた妻と娘との四人の会であった。先生としては、送別というより、私をなぐさめるという気持ちであったのだと思う。

しかし、慰められれば、慰められるほど、私はみじめな気持ちになって行った。私は、今、意味のない戦争で死ぬために大阪に来ているのだ。そんな気持ちが、この会の席上、——これは私が忘れていて、妻だけが覚えているのだが——妻に対して何か荒い言葉を私に言わせたのだと思う。そのとき、「奥さんを大切にすることですね」と先生は言われたという。これは妻の記憶にしかないのだが、そうとすれば、これは、私が先生から与えられた唯一の忠告であった。……

このように切々と綴る清水の追悼文は、「一九六〇年六月十九日、新安保条約が成立した日の午後、わたしは菊の花束を抱いて、長岡天神の先生のおられぬお宅へ初めて行った」という言葉で結ばれている。岩崎は京都嵐山の大藪山荘から、長岡天神へ転居されていたのであるが、「一九六〇年六月十九日、新安保条約が成立した日の午後」という清水の言葉は淡々としているが、当時の歴史を知る者にとっては、日時の背後の意味がたいへん重い。

清水の安保闘争の挫折

反安保のデモ隊のなかには、その理論的指導者として脚光を浴びた清水幾太郎もいた。かれは決戦の約一ヵ月より少し前の五月二六日には、時の岸信介総理大臣への面会を求めて東大教授ら五名といっしょに応接室で座り込んだが、五時間粘っても、岸首相は面会を拒否して、会おうともしなかった。六月一五日、国会議事堂前には主催者側の発表では三三万人、

六〇年安保闘争

警察庁発表では一三万人のデモ隊が気勢を上げていた。そしてデモ隊と機動隊の衝突のなかで東大生、樺美智子さんが亡くなった。

岩崎はその直前の六月八日に六八歳で死去した。清水にとっては安保闘争の真っ最中で、岩崎の葬儀には参列できなかった。だから清水は安保闘争の「敗北」の象徴的な、その自動発効の一九日に、死んだ岩崎に礼を尽くすつもりで関西へ来たと推測できる。その心中はいかばかりであったか。

清水は岩崎に会いたかったのである。自分が主体的にかかわった安保闘争の結末を、岩崎に「ウン、ウン」と相槌を打って聞いてもらいたくて、そして思いっきり心の奥底を打ち明けたかったのかもしれない。慈父のような優しい岩崎の面影を頭に浮かべながら、菊の花を手向けて別れを告げにきた清水の心情が、追悼文の行間から滲み出ている。

ただしこれだけのコメントでは、岩崎と清水の関係の表層だけを解説したに過ぎない。清水がなぜ岩崎に私淑し、新幹線もまだない時代に、わざわざ東京から関西に足しげく通ったのか。そこには新しい学問領域であった社会学の置かれていた閉塞状況があった。当時、社会学は日本ではまだ市民権のない新しい学問分野であった。清水は手探りで社会学を含め、自分の研究や生き方を求めていた。丸山眞男のような正統な研究者の道を閉ざされた清水の野心は、評論の分野で「芸人」として活躍することであった。社会学をその武器にしようとしたのだ。

岩崎はアメリカで最新の社会学を研究し、コロンビア大学で博士号を取得した。岩崎は日本の社会学の草分けとして多くの著作を発表したので、後から進んでくる社会学徒の「希望の星」であった。後に岩崎は日本社会学会の会長にもなった。他方、清水は東京下町の職人の子どもで、苦労をして東京帝大を出たが、東大の指導教授との確執もあり、研究者への道を閉ざされていた。それでも家庭の事情によって文筆で食べていかねばならなかったのである。

清水は巡査からのし上がってきた岩崎の開拓者としての姿に惹かれ、逆に岩崎は評論家としての清水の才覚を見抜き、かわいがったのではないか。お互いの嗅覚が岩崎と清水を結びつけたようにも思う。清水は今では、忘れられた評論家であるが、一〇〇冊以上の著作を残している。それは私淑した岩崎が学部長や学長の劇職をこなしながら、単著三一冊、論文多数を執筆していた足跡を手本にしていたようにも思えるのである。

清水の野心

しかし前に引用した清水の私情丸出しの追悼文に幻惑され、これが清水の素顔だと思うと、名うての書き手である清水の術中に入って、その本質を見失うことになる。清水はそれほど「軟弱」な評論家ではなかった。かれは学習院院長であった安倍能成の推挙で、一九四九年から学習院大学に教授として勤務するようになったが、ここでも筋を通して伝説を作った。

清水は現天皇が皇太子のときに教え、外遊や公務でという理由であったが、皇太子の出席日数が足りなかったので、単位を出さなかったという。ふつうなら穏便に単位を出して一件落着となるところ、清水はそれをしなかった。なぜか。それは「学習院に清水あり」をアピールしたかったのではないか、

いずれにせよ安保で脚光を浴びた清水は、六〇年代後半に二〇年間勤めた学習院大学教授を、定年を約九年残して辞任し、評論活動に専心した。最終講義には八〇〇人の聴衆に向かって、大学における教授職に対する違和感を述べている。その後の清水は、左翼からアンチアメリカという視点と天皇制賛美を結びつけ、さらに日本の核武装化を主張して、急速に

右傾化していった。人びとは驚きの目でその政治的「転向」を眺めた。

清水幾太郎の評伝については、本学の竹内洋名誉教授の『メディアと知識人──清水幾太郎の覇権と忘却』（中央公論新社）という、たいへん興味深く鋭い分析をした名著がある。社会学者の竹内先生の視点から清水を見れば、政治学では大問題の「転向」も、それなりの清水の論理があって奇異なことではないという。清水にとって重要であったのは、メディアの覇権、あるいは他者との「差異化」を狙うことであった。

清水は政治的思想とは別の行動原理で、自分の立場を変えたのであって、それは現代のコメンテータがたえず時流に乗って、メディアのなかで生き残ろうとする先駆けといえる。竹内先生は、社会学から見ればたえず覇権を狙う評論家清水の本質が手に取るようにわかるというのである。そこにはつねに注目を浴びようとする清水の野心がぎらつき、現代のポピュリズム化したジャーナリズムの原型が見て取れる。したがって清水の岩崎学長への追悼文も、表面上は文字どおりそうでありながら、その裏には安保闘争の敗者清水幾太郎を追悼する、周到に練られた二重構造の自己アピールが込められていたのだ。

7-4　宮島綱男の再登板と盟友大山郁夫

先述した宮島綱男は戦後、再度本学理事長に復帰した。宮島を再登板させる労を取ったのは、混沌とした戦後の混乱期のなかで、関西大学の将来を憂えた春原源太郎（専務理事、後に監事）と阿部甚吉（後に専務理事）であった。かれらはかつての千里山移転の際にみせた宮島の経営的手腕を覚えており、その国際感覚と実行力に期待をかけたのである。いや、またもや時代が関西大学に宮島を必要としたといえよう。こうして宮島は一九四七年五月に理事に入り、翌年一月に理事長に就任した。コンビを組んだ岩崎学長は、戦後の大学の再興に情熱を燃やし、すでに述べたように「関西大学ルネッサンス」から「関西大学アカデミア」を推進し、新制大学切り替えの移行期に腕を振るった。

かつての宮島の盟友服部は、戦後、宮島復帰後関西大学を訪ねたとき、岩崎学長に会っている。学長は「『とかくの批評はありますが、宮島さんの大学経営の上に示されるオリジナリティーは得がたいものですから、理事長にお願いしました。』とのことであった。宮島君の功績と特性が尊重されたことを喜び、岩崎学長に心から感謝した」（『関西大学』一二七号）と服部は岩崎に礼を述べている。

岩崎学長が提唱した「関西大学ルネッサンス」の一環として、戦後まもなく、片山内閣の文部大臣森戸辰男が大学へ招かれ、「新学制化における私学の使命」という題で一九四七年一二月四日に講演がおこなわれた。続いて翌日、天六学舎において講演に登場したのは、かつての早稲田騒動時の宮島、服部の盟友大山郁夫であった。

当時の記録では「会場は本学および他大学の学生千二百名であふれんばかりの盛況であった。大山は「学生諸君に与う」と題し、日本は平和の指導国家として国連ユネスコを通じ、世界平和に貢献すべきことを熱烈な主張で語った」（『関西大学百年史』）とある。天六学舎は、勤労学生が通う商都大阪の拠点であった。いわば田舎から出てきて都会で働く向学心に燃えた若者の熱気を受けとめ、関西大学のエネルギーの根源であったともいえる。ここから多くの有為な人材を輩出した。

すでに述べたように宮島は当時、関西大学理事に返り咲いているので、そのときにかつての盟友大山と再会しているはずである。穿った見方をすれば、宮島が大山の講演を岩崎学長に提言した可能性が高い。これは大学昇格時の「学の実化」の戦後版であるからだ。おそらく講演会企画を好む宮島であったらそれくらいのことはしたであろう。企画はその意味において文字通り「関西大学ルネッサンス」に他ならない。その後、大山は国政界で活躍するが、京都府知事選挙の際に蜷川虎三を、京都市長選に高山義三を擁立したことでも知られる。大山は戦後の左翼運動のオルガナイザーとしての歴史的役割を果たしたことは、かって有名な事実であった。

コラム9　波乱に満ちた大山郁夫の人生

宮島や服部と同時期に、早稲田大学を辞任（一九一七年）した大山は、波乱万丈の人生を送っている。早稲田を去った後、大山は大阪朝日新聞社に入社（一九一七年）した。当時新聞業界は東京より大阪が主流を占め、東京から人材が大阪に流入し、その流れで大山も来阪したのである。奇しくも宮島、遅れて服部も大阪に向かった。

まもなく「白虹事件」（一九一七年の「シベリア出兵」、米騒動にからむ政府による言論弾圧事件）が起き、左翼の立場の大山は、まさにここぞとばかり当時の寺内内閣に噛みつき、批判記事を書いた。しかし政府が巻き返しを図って新聞社に圧力をかけたので、不買運動が起こり、その責任を取らされるかたちで、社長をはじめ大山を含めて編集陣は翌年朝日新聞社を去った。

その後、大山は一九二一年に早稲田大学教授に復帰したけれども、再度、早稲田でも「大山事件」（一九二七年、大山の教授職と政党委員長職の兼任を槍玉に挙げられた騒動）によって、またもや職を追われている。反対派は大山を追い落とそうとして、難癖をつけて揚げ足をとったということである。類似した宮島との因縁を強く感じるしだいである。

労働農民党首大山の選挙ポスター（法政大学大原社会学研究所蔵）

大山郁夫

その後の大山は、労働農民党中央執行委員長、新労農党委員長をへて、一九三二年にアメリカへ亡命し、シカゴに隣接するノースウェスタン大学のコールグローヴ教授の計らいで、研究滞在することができた。太平洋戦争中も含め、かれは通算、一六年間アメリカで亡命生活を送った。それは当時、非国民扱いされ、国賊とののしられることを覚悟した最大級の決断であり、よほどの筋金入りの信念がなければできないことであった。通常、欧米では亡命は珍しくないが、日本ではまれなケースである。この点からも大山の妥協を許さない生きざまを垣間見る思いがする。

大山を支援したノースウェスタン大学のコールグローヴ教授は、大山のことを『校友会報にこう記している。

かれはいま日本帝国を支配している軍閥によってもっとも恐れられた政党の指導者であることを知る人もいない。現在は合衆国に亡命しているが、やがてつぎの歯車の展開においては、おそらく日本の首相となり、全アジアのための新体制を始める人となるであろうということを知る人もいない。（藤原保信「アメリカにおける大山郁夫」『早稲田学報』）

戦争が終わり、一九四七年一〇月二三日夜半、一六年の長きにわたってアメリカで亡命生活を送った大山は、アメリカ船で横浜に帰国した。その様子が当時の学生によって描写されている。

晩秋の横浜埠頭には学生代表、社会党代議士、新聞記者など数百名が先生の下船をいまやおそしと待ちかまえていた。一号岸壁にマリン・スワロー号がその巨体を横づけにするや、待ち迎えた歓迎陣のなかから歓呼がおこった。時に（夜半の）十一時廿分、茶のダブルに緑のネクタイをのぞかせた黒鞄を抱えた大山先生が静かにタラップを降りてくる。続いてえび茶のスーツにコートを抱えた夫人が福本氏に支えられながら降りてくる。ハンケチを振る先生は満面に隠しきれぬ喜びを湛えながら久しぶりに日本の土を踏む。六十八歳とはみられない精力的な顔であるが、十六年の亡命生活にさすがに髪の毛は白い。労農党時代の同志糸川の令嬢野火子さんが花束をさし出す。野火子さんの名付け親は大山先生なのだ。歓迎の人波はくずれてもみくちゃにされそうだ。社会党の代議士が人垣をつくって殺到する新聞記者の矢つぎ早の質問を阻止している。先生は山花代議士の案内で埠頭倉庫会場にのぼり新聞記者と共同会見をする。記者団の質問に「わたしの一番あいたいのは人民大衆諸君です」と答えるあたり大山先生の面目躍如たるものがある。

帰国時の様子を早稲田大学の学生が大学新聞にこのように報じている。帰国してから一ヵ月半もたたない一九四七年十二月五日、大山は関西大学岩崎学長の招きにより、天六学舎で講演したという時系列になる。

7―5　再度の宮島綱男の排斥運動

宮島は一九四八年に理事長に就任したが、四年後の再選の際に、またもや排斥運動にみまわれる。歴史は繰り返すというが、一九五二年の理事長選挙に先立つ評議員選挙（評議員が理事を選出するシステム）に際し、宮島の独断専行に対する周囲の反発が大きくなった。宮島再登板の立役者春原は、すでに反宮島派に立場を変えていた。

法学部の明石三郎（後に学長）、文学部の横田健一、鈴木祥三（後に両者とも文学部長）ら当時若手であった法文の教授たちの連携によって、宮島排斥運動がひそかに進んでいた。宮島は選挙の結果、かろうじて理事にとどまったが、最下位票であったので理事長にはなれなかった。理事長は白川朋吉（弁護士、大阪市会議長）に決まったが、八〇歳という高齢であったので、実際には校友から推されて登場した四八歳の久井専務理事（後に理事長）が采配を振ることになった。

久井は宮島の特性を的確に見抜き、後にこういっている。「宮島さんという人は大変シャープな人で、そのシャープさを真綿でくるまずに、キリのように相手を突き刺してゆく。新任の先生にフランス語や英語で問いかけたり……、口頭試問ですよ。ご自分はペラペラですからね。それでうまく答えられないと全部アウトです」（『私学に生きる　久井忠雄と関西大学』）と述べている。事実、これを実証するエピソードが残っている。

関西大学フランス文学科の基礎を築いた三木治（後、文学部長）と小方厚彦（後、教養部長）も、宮島の面接を受けたという。旧制三高、旧京都帝国大学出身で、のちにフランス語の辞書を編纂する三木治は、すでに戦前の昭和一〇年に予科講師として任用されていたが、戦争末期の大学縮小のあおりで、一時身を引いていた。当時、第二外国語は同様な扱いであり、筆者も習ったことのあるドイツ語の上道直夫（後、文学部長）の経歴も同様であった。

戦後の昭和二二年の復職にあたって、三木は宮島理事（記録ではまだ理事長になっていない）の面接を受けた。フランス語の実力を自負する宮島は、フランス語担当の教員採用人事に特別な関心を示したのは想像に難くない。今と違って、教学と法人の独立、権限の線引きが曖昧な時代のことである。宮島は三木に、自分の面前でフランス語の履歴書を書くように要求した。驚いた三木であったが、それを仕上げて宮島に見せた。宮島の眼光は鋭く些細なミスを指摘し、その場で書き直させたという。後に三木は、『新和仏中辞典』（白水社）編纂の中心的役割を果たし、学会に貢献したが、それほど実力をもった三木にも宮島は正面から対峙したのである。

同様に京大大学院の言語学出身の小方厚彦も伝聞によると、関西大学への就職の際に、宮島の面接を受けたという。小方が就職したのは一九五四年（非常勤はそれ以前）であるから、宮島は理事長を退き理事のときと思われるが、フランス語の人事には異様な関心を示したというべきか。

当時、宮島はすでに目を悪くしていたので、小方に自分でしゃべるフランス語を口述筆記させた。その後、小方にそれを読ませ、聞き取り筆記の間違いを指摘したという。宮島は自分のしゃべったフランス語を正確に覚えていて、再現してみせたのである。その驚くべき博覧強記ぶりはいまだに伝説となっており、後のフランス文学、語学の重鎮となる三木、小方両大家の弟子たちがそういうエピソードを語っている。

宮島は自分の得意分野においては、このように異常なほど関心を示し、イニシアティヴを取ろうとした。しかしこれらの一例が示すように、宮島は経営者側の立場でありながら、独断専行して教授会の人事に介入し、教学と経営の交通整理をしなかったので、反発が起きたのは当然である。

7―6　久井忠雄理事長の登場

剃髪の由来

宮島のあとの大学経営を実質的に引き継いだのが、久井忠雄（一九〇五―一九九一）であった。久井は岩崎学長の教え子にあたるが、本学在学中に高等文官試験司法科、同行政科に合格した秀才である。卒業後、内務省に採用され、内務官僚の役職を経て、新潟県警察部長のときに敗戦をむかえた。戦前の久井の客観的な評価は難しいが、職務をめぐる剃髪のエピソードから、久井の心情の一端を推し量ることは可能である。

本書の読者の皆さまのなかには、久井のトレードマークは剃髪した頭であったことを覚えている人も多かろう。このスタイルになった由来は、『回想　久井忠雄先生』（学校法人関西大学編）のなかにエピソードとして残されている。警察官僚の道を歩み始めた二七歳の久井は、一九三三年〈昭和八年〉六月、群馬県警察部警務課兼内務部地方課に勤務を命じられる。

その頃、天皇の群馬県行幸が計画され、久井はその警備の任務に取り組むことになる。

一九三四年〈昭和九年〉一一月一六日、歴史的に知られた「群馬鹵簿誤導事件」が起きる。「鹵簿《ろぼ》」とは天皇などが行幸される行列のことであるが、その先導車がルートをあやまったという、当時としては「大事件」が大々的に報じられた。現代から見れば大きな時代的落差を感じるが、前駆の責任者本多重平警部は、天皇が群馬県前橋市を去る時刻に合わせて自決を図った（未遂）。さらに群馬県知事は後に引責辞職し、関係者は減俸処分を受けた。この件は久井に直接の責任があるわけではなかったが、警察官僚として責任を自覚した久井は、それを剃髪というかたちであらわした。

その日以来、久井は生涯一度も髪をのばそうとしなかった。『回想　久井忠雄先生』には「久井は〈臣忠雄〉として自分自身にケジメをつけ、その戒めを終生忘れぬために毎朝、剃刀を使って頭を丸めた。明治の気骨を受けついだ一徹者であった』とある。児島惟謙が脱藩の決意を忘れないために、脱藩時の偽名を終生使ったエピソードと類似している。

大学経営に参画

戦後の久井は、ＧＨＱにより職務罷免通達を受け、弁護士を開業をしていたが、その頃、岩崎学長に乞われて久井は大学経営に参画した。久井は一九五二年（昭和二七年）の秋、専務理事就任にあたって、当時の岩崎学長に旧図書館の高台に連れ出されて、こういわれたという。

みたまえ。君がこの大学を卒業した昭和六年の頃と比べて、一つでも建物が増えているか。昔のままではないか。専任教授もいまだに一〇〇人に足りない。関西大学はこの二〇年余り、ずっと足踏みを続けてきたんだ。……こんなことでは関西大学はつぶれてしまう、と思っていたんだ。君が専務理事になってくれてうれしい。どうか君の力で関西大学を立て直してくれ（『岩崎卯一先生を想う』岩崎卯一先生生誕一〇〇年祭実行委員会）。

戦前の関西大学の停滞の事情は、戦時下という困難な状況があったとはいえ、やはり理事会側の経営方針に問題があったといわざるを得なかった。元校友会長の大月伸は、具体的にこのことを次のように指摘する。

山岡順太郎氏、宮島綱男氏らの大学興隆期の後を受けた喜多村桂一郎氏、吉田音松氏をヘッドとする健全財政オンリーの理事者が、十五年あまり実権を握っていた。当代の碩学仁保亀松博士、神戸正雄を学長にいただきながら、学長の抱負経綸は全く理事者におさえられ、また教授の発言も一顧もされず、ひたすら、緊縮方針を堅持した。戦時中で学生数の半減した昭和十九年でさえ、大学の預貯金は百五十万円も遺している。現在の第二学舎が敷地・建設費ともで三十万円で出来たころの貨幣価値……とは比べものにならないころのことである。「大学は二十年間眠っていた」と岩崎さんはよく言われたが、この期間を指すので、この間に他大学に比して立ち遅れたことはいなめない。

ここに率直に述べられているように、理事のトップが教学の意見を忖度せず、ひたすら緊縮財政を追求すれば、いくら金を残しても大学は停滞だけでなく、衰退するということである。教学の学長や教員の方も改革的な発言が無駄であれば、与えられた仕事だけをするという風になる。たしかに日常業務を遂行することは、安全でありリスクが少ないが、それは伝統を継承することにはなりはしない。

久井は専務理事を引き受け、大学経営に参画したが、警察官僚として日本的視野に立った経験から、本音をいえば国政に進出して活躍しようとしていた。官僚時代のかつての上司、自由党総裁緒方竹虎と太いパイプがあったからだ。緒方は華麗な人脈を持ち、後に国連難民高等弁務官を務めた緒方貞子の岳父にあたる。いずれにしても当時、保守本流の実力者と目されていた。しかし一九五六年に突然、緒方は死去し、久井は人生の青写真を見直さねばならなくなった。そこで久井は関西大学に骨を埋める決心をして、理事長に就任した。久井にとって関西大学は器の小さい世界であったに違いないが、久井が国政に進出しなかったのは大学にとって僥倖であったといえる。

　久井の大学経営についての卓見は、時代の流れを洞察し、それに柔軟に対応することであった。とりわけ国際化の重要性は岩崎の経歴が教えた。岩崎がこれほど敬愛されるのは、アメリカで苦労しながら学位を取り、その学問を日本の大学に植え付けようとしたからである。専務理事になった久井は一九五二年に海外留学制度を設け、当時としては人数も思い切り多くした。そのために多数の教員が留学することができた。

久井忠雄理事長

　その伝統は現在でも受け継がれ、筆者も長期・短期あわせて二回も留学させていただいた。つぎに久井の業績は、工学部を設置したことである。これは高度成長期の社会における時代の要請であった。それは文科系学部の関西大学が文理の総合大学へ脱皮することを意味していた。さらには社会学部を設置し、時代の流れに対応した。

久井は学生の父母にも目を向け、一九四七年に創設された教育後援会を大きく育てていった。大学に父母会があるというのは、奇異の目で見られている時代に、その意義を確信し、総会だけでなく各地方に懇談会を開き、父母とのコミュニケーションを重視した。その実務的仕事は一九六七年から、当時の森本靖一郎幹事長（後に理事長）が取り仕切り、「大学と家庭の心のかけ橋」というキャッチフレーズで、父母の信頼を獲得していった。

「車の両輪論」

この状況下で久井は、大学を合理的に運営するためには、教学と経営を分離し、教学は教員が責任をもち、経営は理事会が責任をもつ体制を明確に打ち出した。これは教学と経営を車の両輪にたとえて説明されたので、一般に「車の両輪論」といわれた。片方の車輪が停滞しても車は前進しないから、このスローガンはわかり易さという点で、教学も経営陣もそれぞれすぐ納得ができた。しかも心理学的な意味においても、大学全体が一丸となって全員プレーしなければならないという機運をつくりあげた。

これは現代における大学のガバナンス改革に照らすと、時代遅れと批判する人がいる。しかしまず時代的背景を勘案しなければならない。当時は今よりはるかに教授会自治が金科玉条であって、絶対的な時代であった。そこへ宮島理事長のように、経営陣が教学へ介入すれば、大きな摩擦が起き、学園は混乱をきたして、発展など望めないという前例もあった。

他大学では経営側のワンマンで、教学が委縮して沈滞ムードが支配する大学を、われわれはいくつか見てきた。そういう意味において、マンモス大学にとって久井の説くスローガンは、教員にとっても経営陣、事務職員にとっても納得し易いものであった。それは久井が児島惟謙の訓戒や宮島理事長の排斥運動から学んだ方針であって、組織が大きくなった大学のかじ取りをするためには、不可欠なスローガンでもある。久井はこうしてすみ分けの論理を使って、学内の教学と経営の無用な対立や摩擦を避け、日本が高度成長期を迎え、大学の大衆化時代に対応できる経営をおこなったのである。

久井の人心掌握術

しかし何にもまして久井の真骨頂は人心掌握術である。久井の人柄を伝えるエピソードとして、「カマボコ定期便」が有名である。久井の実家がカマボコ製造業を営んでいたことによるが、年末に、大学の教職員にカマボコを贈ったという。その添え状が現在残っている。

—恒例によりまして「僅少且粗品」なる蒲鉾を、ご贈呈申し上げます。ご笑納下さい。私があなた様にお納め願う蒲鉾は、一カ年間ご苦労をおかけした、あなた様への文字通りの微かなる感謝の気持であり、かたがた私が、今は亡き両親のありがたさを忘れまいとする、私への自戒であります。と申しますのは、私事で恐縮ですが、私が昭和六年本学を卒業後入省し、群馬県桐生警察署長となった時点以後、両親は子である私を思う情から、毎年末蒲鉾を、私がご厄介になっている方々に、ご贈呈申し上げ、昭和二十年、私が新潟県警察部長で退職する時まで、続けてくれたという事情があるのでございます。何卒気持だけをおくみとり下さい。……（昭和四十四年年末の挨拶文から）

この「カマボコ定期便」は浪花節的な発想で、関西大学ゲマインシャフトの醸成に大きな役割を果たしたが、久井理事長だからできたパフォーマンスであった。これを受け取ったことのある年配の先輩に聞いてみると、正月料理を作る時期に届くカマボコは重宝され、しかも受け取った家族のお年寄りは、親の子を想う人情話にほろりとし、「いい理事長さんや」という会話があったという。現代のゲゼルシャフト化した関西大学では、このようなことはとうてい実施不可能なことであり、物議を醸すことになるが。

久井が関西大学の揺るぎのない基盤を築き、長期政権を存続しえたひとつの理由は、このような人心掌握術であったといえる。人情の機微に通じた久井は、自身でこう語っている。「宮島さんは理事に残ったが、理事会ではほとんど発言しなかった。しかし私は月一度位お宅を訪ねて大学運営についてお話を聞きました。客観的な鋭い指摘をされ、いろいろ教えられました……私は宮島さんという人が人間的にも好きになりました。千里山の開拓など宮島さんの功績は大変なものです」（『私学に生きる　久井忠雄と関西大学』）と。

宮島とて理事長を辞しても、このたびは関西大学から去らずに理事として、後に顧問として残ったのは、その情に応えたからであろう。宮島は晩年になってようやく円くなったというべきか。久井の周辺の人びとはその処遇をよく観察し、久井理事長のかじ取りに絶大な信頼感を深めていった。

本書に登場する人びとで、存命中にお目にかかったのは久井理事長だけである。わたしが駆け出しの助教授のとき、教育後援会の行事の際にお会いしたことがある。そのとき理事長は、親子以上も年齢が違う年下のわたしに対しても、「先生」（わたしにはシェンシェイという風に聞こえたのであるが）と頭を下げ、礼を尽くしていただいた記憶がある。あるとき事務職員から聞いた話であるが、雑談で教員のことを「……さんが」と話していると、そこへ通りかかった久井理事長は、「先生」と呼ぶように諭したという。

久井理事長は入学式や卒業式の挨拶は聴衆を引き込む独特の話術があった。その話が聞きたくて、教育後援会に毎年出席するという父母も多かった。この名物理事長は父母や学生が何を求めているかを知り抜いていた。豪放磊落のようにみえても、日常の努力を怠らない人であった。世相と父母の気持ちをくみ取り、人を魅了する話題を講演のなかに組み込んでいた。

金木犀に託した久井の想い

久井は『岩崎卯一先生を想う』の追悼集のなかで、長岡天神の岩崎邸に植えられていた金木犀を関西大学会館の北東隅に移植して、そのいわれを書いた、以下のような銘板の文言をもって文を締めくくっている。

私は金木犀です

幼木の頃　元学長の故岩崎卯一先生に
可愛がられ、育てられ、先人の遺志に
より昭和四十年五月大学に嫁いで
参りました。
私は大学で起こる様々な事象を
陰ながらみつめて、社会の移り変わり
喜こび、悲しみをともにして参り感傷
深い秋に毎年独特の香りを皆様に
お届けして、一時のやすらぎを心の糧に
していただけるよう元気に過していま
どうか幾久しく可愛がって下さい。

植えられている場所は、関西大学会館の北東にあたる。ここは方位学的にいえば会館の鬼門の方向である。これを信じる、信じないは別にして、古来、この方位に魔除けを飾る習慣があった。さらにアニミズム的な樹木信仰では、かつて霊は樹木に宿ると考えられてきた。有名な「花咲か爺」もかわいがっていた犬の霊が樹木に宿り、最後におじいさんに枯れ木に花を咲かせる霊力を与えたという、霊の転生の話である。

これは岩崎が金木犀に成り代わり、関西大学の行く末を見守ってくれているという、久井の想い入れがあって、このエピソードを引用したのであろう。本書を執筆中、

関西大学会館の北東に植えられた金木犀
（筆者撮影）

金木犀のことが気になって現場へ見に行った。すると関西大学会館の片隅に無事に育っている金木犀があった。銘板もそのままである。この光景をみると岩崎学長もきっと喜ぶことであろう。ただし隣に成長していく銀杏の木があるので、やがて競合して、どちらか一方しか生き残れない運命が予見される。樹木とて生存競争のなかで生きているのである。

第8章　関西大学の歴史の教訓

8－1　時代の転換期とカリスマ的リーダー

歴史において時代の変革期と平穏な時代とでは、そこに登場する人びとのタイプが異なる。英雄やカリスマ的リーダーは変革期に出現し、平穏時には目立って活躍するリーダーが少ないという歴史の法則がある。これは洋の東西を問わず同じ傾向を示すし、関西大学の歴史も同様である。

関西大学においても明治時代の創設期から、大正—昭和前半に活躍した人びとの経歴をたどっていくと、既存の組織と対立し、その妥協を許さぬ気骨と徹底性に、今の時代と異質なものを感じるのは筆者だけでなかろう。本学に関係の深い児島惟謙、土居通夫、宮島綱男、服部嘉香だけでなく、坪内士行、向軍治、大山郁夫、河盛好蔵なども、かれらは安定した職を投げ打って、自分の思う道、あるいは信念を貫徹しようとした。本来の和を重んじる日本的精神構造と異質な気骨は何によって育まれたのであろうか。

もう少し厳密にいうと、創設に参画した児島惟謙、土居道夫などの信念は、若き日の旧幕藩体制に満足しない脱藩精神にさかのぼり、これは明治維新の原動力ともいえるものであった。大審院長となった児島は当時の政府（内閣）の意向にも妥協しなかった。それは法精神の尊重、すなわちフランス人のボアソナードが日本に持ち込んだ法の解釈にあった。ボアソナードは法政大学創設にも深くかかわったことでも有名である。ボアソナードを介して本学と法政大学は、創設時に糸で結ばれていた。創設者たちはヨーロッパの法、そして合理主義的精神を学び、それを「実化」させていったことがわかる。

関西法律学校の創設期は明治時代において、大日本帝国憲法発布（一八八九）の直前であった。法によって国家を統括する気運が高まり、外国との不平等同盟においても、まさに見直しの転機に当たっていた。その状況のなかで、児島惟謙の気骨は日本の近代化の転機に発揮されたといえよう。

このような精神は大正時代の大学の転機に、連綿と受け継がれた。本学の発展期は大正デモクラシーの時代と深くかかわっていた。繰り返すが、大きな変革期には将来を見通すリーダーがあらわれるものなのである。変革期は青年の気概が養われる。かれらは失うものがあっても、やりたいことを追求していく。

この大正時代の転機には、本書で採り上げたように山岡総理事、宮島専務理事が登場した。戦後では岩崎学長、久井理事長などの後継者が列挙できる。かれらは関西大学において大きな貢献をした人びとであり、それぞれ弁舌が巧みでありカリスマ性をもっていたが、しかしそのタイプは異なっていた。ここで総括する意味において、これらの人びとを比較してみよう。

8-2　リーダーたちの比較

まず山岡のカリスマ性は大阪商業会議所の会頭や、造船会社社長を経験するうちに形成された。機を見るに敏なかれは、造船業現日立造船を飛躍的に発展させた。その組織を取り仕切るために必要な人望は、会社経営者時代に培われた。経営者は会社の業績向上で、はっきり優劣が付くからである。さらに山岡は会社経営だけでなく、「後進の教育に尽くす」という新しい使命を見出し、大学経営に携わるようになった。

その際、大学トップとして方針を打ち出した。すなわち「学理と実際の調和」、「国際的精神の涵養」、「外国語学習の必要」という「学の実化」の方針を提唱した（薗田香融「山岡順太郎」参照）。これは現在でも学是として連綿と受け継がれている。かれは会社経営の体験から、象牙の塔の学問ではない、社会との深いかかわりのある実学を提唱した。本学は商都大阪をバックグランドにした特色を山岡に負っているのである。ただ山岡にとって、健康上の問題が学長や大学経営を断念せざるを得ない状況に追い込んだ。

ところが早稲田を追われた宮島は、山岡とまったく違ったキャラクターをもった人物であった。かれのカリスマ性は頭の回転の速さや記憶力抜群の鋭利な頭脳、外国留学で鍛えた堪能な外国語、早稲田大学を首席で卒業したというエリート意識などで形成されていたが、妥協を許さず合理主義を重視しすぎ、独断専行型の人間であった。自分が出来過ぎるがゆえに、それを絶対視し、押し通そうとする。配下にいる人間はその冷徹な方法についていけず、離反してしまう。たとえが適切でないが、フランス革命のジャコバン党独裁のときに、ロベスピエールが革命の深化を目指して反対派をギロチンに掛けた。しかし革命という大義名分は空転し、テルミドール反動を誘発し、ロベスピエールは断罪された。

さらに宮島が好きであった文楽にたとえてその特性を当てはめるならば、文楽における人形遣い、筋を語る太夫、三味線弾きの三パートのうち、大学経営における宮島の役割はまさしく太夫であった。それは人形劇すべてを統括する役割である。人形遣いは太夫の指示どおり人形を操り、三味線はそれを背後から支援する。宮島が自分で立案したものは、手足のように動く人形遣いが演じ、周囲の三味線弾きが盛上げると、大向こうから喝采を浴び、かれはこのうえなく快感を覚える。

ところが三者の関係において、信頼関係が構築されていないと，不協和音が生じ、筋書き通りに事が運ばない。すると太夫の宮島は人形遣いを厳しく叱責する、三味線弾きが調子を外すと扇子を投げつける。いうまでもなく世の中みんな、自分の思いどおりになることはない。こうして宮島は仲間であったものや部下の離反を招き、かれはたえず敵をつくって、追われていったのではなかろうか。

それに比べると、戦後、学長として登場した岩崎は、苦労をして進学し、アメリカで学位を取得したというキャリア、正義を貫く気骨、人脈の広さ、教え子を気遣う教育者としての人望などによって、カリスマ的リーダーの資質を備えもっていた。とくに岩崎の真骨頂は弁舌にあった。これについては一九六一年の追悼文に、当時の弁論部顧問で関西大学教授の中井俊二が次のように表現している。

私が聞いた数多くの氏の弁舌に於て、氏が一度も原稿を読んだり、メモを見たりすることはなかった。しかも論理は整然とし、首尾一貫し、その中で様々な比喩や形容が所を得ていきいきと輝き、真に雄弁の一つの典型を示すものであった。それは、攻撃的であるよりも、説得的であり、論争的であるよりも、宥和的であり、聴衆の心をねじ曲げようとするよりも、自らの方へ暖かく招こうとするものであった。よく通る氏の声音は、清澄な風のように、適当な高低をもって、みがかれたボキャブラリーを運ぶ。氏ほど聴衆感の喚起の呼吸を心得ていた弁舌家は少ないと言えよう。大柄な氏が壇上に立った時、それが限られた学徒の前であっても、又不特定の多数者の前であっても、開口に先立って聴衆を引きしめるムードを醸成していたのは、雄弁家としての並々ならぬ素質を持っていたと言わねばならない。その手は論旨の展開につれて自然に動き、左右でもって弧を描き乍ら結論を盛りあげて行く所作は、わざと作られたものではなく、自ら現れたものである。

論の展開、声の抑揚、手のパフォーマンス、容姿などすべてにわたって、岩崎が演説の名手であったことが、これらの表現を通じて伝わってくる。天賦の雄弁術を身に付けていた岩崎はリーダーにふさわしい人物であった。雄弁会の追悼集には　一〇四名の執筆者が思い出を書いている。それだけでもどれだけ人望があった人物かがわかるというものである。六八歳は当時としては寿命といえるが、もう少し長生きをしておれば関西大学にさらなる寄与ができたであろう。

岩崎の弟子、久井理事長は宮島と岩崎の資質をよく見定めていた。久井理事長にとって先人二人は格好の教訓であった。戦前に警察官僚として組織のあり方、人間の行動を鋭く洞察した久井は、一九五二年に専務理事として大学経営に参画したとき、不出世の先人宮島の「弱点」を鋭く見抜き、師である岩崎の長所を分析していった。宮島には人望はまったくなかったが、岩崎はだれにも慕われる人望があった。リーダーとしての資質はその差としてあらわれた。

久井が関西大学の揺るぎのない基盤を築き、理事長在任二八年もの長期政権を存続しえたひとつの理由は、すでに述べたが、この人心掌握術であったといえる。宮島の死去の際には、大学葬をおこない、久井理事長が葬儀委員長をつとめた。それは宮島のことを快く思っていない人に対しても、久井の人間的な器量の大きさを示す効果をあらわした。むろん久井は健康にも恵まれ長寿を全うできた。これも久井時代が長く続いた大きな要因である。

具体的には岩崎のカリスマ性を久井も受け継いだといえる。それは弁舌も巧みさによって培われた。入学式、卒業式、教育懇談会でも、ユーモアまじりのかならず話題になることを織り込んで、「おみやげ話」をもって帰らせることをたえず実践していた。「目を離すな手を離せ」というキャッチフレーズに、父母はそれを家庭の団欒でも繰り返す。父母は久井理事長の演説を楽しみに出席していた。筆者もその演説を聞いたが、毎年異なる話であった。つまり久井はそのためにはたえずアンテナを張り、時代の流れを観察し、人びとを惹きつける努力をしていたのである。すなわちカリスマ的リーダーも、生まれながらではなく、後天的に創られたものなのである。

現代風にたとえるならば、久井はオーケストラの指揮者であった。精緻な計算にもとづいて、曲を組み立て、各パートに役割を割り振る。完璧のシンフォニーができあがるためには、リーダーである指揮者がオーケストラを掌握しておかねばならない。そうすれば自然にオーケストラは一体化し、聴衆を感動させるシンフォニーが生まれるのである。宮島のようにいくらすぐれた曲の解釈をしても、人間的に人望がないとオーケストラの一体感は生まれず、不協和音が発生する。ここに久井理事長との人間的な器の大きさの違いがあった。

8―3　伝統の継承とOB・OGの威力

社会学者テンニースが分析したように、社会はゲマインシャフトからゲゼルシャフトへ移行している。関西大学もその流れのなかで、あきらかに組織がゲマインシャフトからゲゼルシャフト化してきた。かつては組織が比較的小さく、教員同士、教員と事務スタッフの連携は密であった。そのなかでは岩崎学長が提唱した関西大学一家的なゲイマンシャフトのあり方が理想的であり、久井理事長の実行した「カマボコ定期便」が有効な方途のひとつであった。しかし今やその時代ではない。組織が肥大化すると、どこでだれがどのように働いているか、どういう人がいるかすら、学部を越えるとほとんどわからないような状況が現状である。

さらに追い打ちをかけるように、二〇〇三年に成立した「個人情報保護法」の影響によって、個人にかかわる情報が極端に遮断されてしまった。組織体も「個人情報保護法」を過大に考え、自己規制をしてしまう傾向が生まれた。もちろん人権やプライバシーにかかわる個人情報は保護しなければならないが、それに抵触しない個人にかかわる情報公開は可能であるし、いやむしろ必要である。

誰がどこで何を考えて仕事をしているのか、これは組織体が共有しなければならない情報であって、そのような個人でありながら、全体の一員であるという自覚が現代こそ求められている。情報を上手に公開することによって、学部を越えた連携や共同研究も可能となり、意思疎通がさらには進捗するからだ。

同様に大学関係者のなかで、母校愛や伝統をアナクロニズム（時代遅れ）とみなし、軽視する傾向がないとはいえない。伝統の核としての学歌、教育後援会、校友会を古臭いものとして、無視するものも少なくない。しかしそれは時代遅れではなく、私学として存続するためには、不可欠な要素である。関西大学を選択してくれる受験生や入学生は、この長い伝統を選択基準においてくれているのではなかったか。累計すると四五万人の校友、各界で活躍するOB・OGの存在を頼りにしてくれているのではなかったか。

本書で述べたのは正史ではないが、新入生に関西大学がどのような歴史をへて現在があるかを、希望者には講義する自由科目を設けてもいいのではないか。いわば「関西大学学」ともいうべきものであって、先人たちの足跡を検証するのも意義あることだと思う。そこから大学へのアイデンティティが醸成されるように考える。

慶応義塾大学の「三田会」が日本最強のＯＢ・ＯＧ組織で、その実態、機能、役割を徹底的に分析した大学関係者はいたのだろうか。経済評論家がこの問題を取り上げることがあるが、大学関係者が大学本体の視点から分析することは少ない。要するに在学生と卒業生をつなぐ「三田会」のパイプが日本の企業や官公庁を支配しているといっても過言でない。その背景には採用する側の心理が大きく作用しているのである。短時間で人間の資質を見抜くことは容易ではない。人事担当者が拠り所にするのは信用や信頼関係である。この相互の有機的関係が、慶應というブランドを支えているのである。

たしかに関西大学においても、企業や役所で働くＯＢ・ＯＧのデーターベース化された情報が提供されているのは知っている。問題はＯＢ・ＯＧと就活学生が相互のつながりをいかに有効に活用するかである。さらに伝統の尊重や母校愛の求心力がなければ、データーベース化された情報は機能しない。したがってそれは、大学本体の強化や新たな伝統の構築と不可分の関係にある。

ところが伝統は大学組織のバックボーンであるが、それはもろ刃の剣である。すなわち伝統は遺産である反面、安住すると組織を亡ぼす負債となる。伝統が目に見えるかたちで意識される入学式、卒業式の儀礼は大切であるが、形式どおりにこだわると、形骸化してしまう。そこでの教学のリーダーの大学運営方針、スローガン、あるいは学生への訓示は、ゲマインシャフトの一員であることを認識していただく意味において重要である。ただしその発信力が人のこころを打つというかぎりにおいてそういえる。

大学のトップにリーダーシップがないと、組織内の人間は、日常的な業務をこなすが、新しい企画や大学改革がおろそかになる。言葉が過ぎるけれども、人間、このほうが楽であるからだ。その結果、大学がどうなるかは言わずもがなのことである。二〇一七年四月一〇日に、五〇年後の人口予想が八八〇八万人と発表された。約四〇〇〇万人の人口減という衝撃的ニュースである。一八歳人口も予想より大幅に減少するので、これを座視しておれば、大学は滅びる。マンモス化した関西大学とて、安泰であるはずがない。ではどうすればいいのか。

これまでの関西大学の歴史をふりかえってみれば、危機に直面した時代には、カリスマ性をもったリーダーによって危機を切り抜けることができた。しかし今や、トップのカリスマ性に頼って、その裁量だけで動かすことはできる時代ではない。今後の関西大学の在り方も、傑出したカリスマの出現という天祐に頼るわけにはいかないのである。

8-4　ビジョンをもつ実務型リーダーの重要性

マンモス大学における大学改革は、大ナタを振るって一挙におこなうことはできない。地道に一歩一歩前進していかねばならない。その意味において、現代では大学はカリスマ的リーダーに代わる実務型リーダーシップが求められている。では実務型リーダーとはいったいどのようなタイプの指導者か。

現在の大学は大幅な人口減の予測の事例からもわかるように、時代や社会の構造変化と深くかかわっている。現実問題として取り巻く環境の変化を見定めないと、大学と社会との乖離現象が生まれる。したがって大学本体だけに目を向けていても、ガラパゴス化して時代遅れになってしまう。しかも急激な構造変化はすでに予見されているのだから、それに直面してから対応するのではもう手の施しようがなくなる。

したがって、大学人は社会と連動させてモノを考え、その動きを追跡し、たえずアンテナを張り巡らせておかねばならない。そしてリーダーはそれを見極め、しなやかに方向性を打ち出す必要がある。とくに硬直化し易い既存組織に対し、柔軟に対応できるルールづくりが必要となる。その際、リーダーはカリスマ力でなく実務力を発揮しなければならない。これがビジョンをもった実務型リーダーということである。

たとえば現代の大学では、教学と経営のそれぞれの理事が共同で運営するという、新しいガバナンス体制ができているのだから、関西大学でもトップがビジョンを提示し、リーダーシップを発揮して、組織全体の合意形成をしていくことは可能である。問題はいかなるビジョンを提示し、合意形成をしていくかである。

たしかに大学にはコアとなる学問領域があって、社会がどう変わろうと普遍的な価値をもつベーシックなものがあるが、他方、社会が急速に構造変化をしているのだから、大学とてその少子化、グローバル化、国際化などを見越して運営しないと生き残れないという、二面性がある。リーダーは両面を的確に把握し、バランスを考えながら組織をしなやかに構造変化に対応させて、ビジョンを打ち出さねばならない。

ビジョンとしては「社会的評価の高い、国際化、グローバル化に対応できる大学づくり」というのが、抽象的であるが最終目標となる。また大学教育は一八歳から四年間という固定観念を変え、多様な教育の機会を提供して、超少子化時代を乗り切るという発想も必要である。関西大学は、二〇一六年一〇月に大阪市北区に梅田キャンパスを開設した。このキャンパスのリカレント教育におけるさらなる有効利用が望まれる。たとえば現行の梅田キャンパスの活用に加えて、関西大学の多彩な人材を動員し、シニアを対象としたシステマティックな生涯教育講座の開設が想定される。シニア世代は時間が十分あるのだから、平日の昼間に講座を組み込むことはなんの問題もないと考える。

一つの区切りとして、「Kandai Vision 150」にあるように、およそ二〇年後の一五〇周年を目指して、具体案を打ち出すのが妥当であろう。そのためにはスローガンが必要であるが、そこにある「未来を問い、そして挑戦する」というフレーズは、よく考えられた結論ではあるか。ただ率直に申し上げるならば、スローガン的には抽象的で表現力が弱いのではなかろうか。同じ内容のことを主張する場合でも、「未来へチャレンジする関大！」と書き換えるだけで、インパクトが異なってくる。外国語を組み込み、スローガンづくりの名手であった岩崎学長の手法を学ぶのも、有意義であるように思われる。

こうして目新しくてわかり易いキャッチフレーズを提示し、それを繰り返すことによって、リーダーの目標は浸透していく。そうすれば大学の求心力が生まれ、結束力が増加する。かつての「学の実化」、「関大ルネッサンス」、「正義を権力より護れ」、「車の両輪論」などは、説明の必要のないわかり易いものであった。だから先人の知恵を学び、具体的なビジョンをキャッチフレーズのなかへ組み込むことが重要になってくるのである。

他方、ボトムアップは聞こえがいいけれども、現実の運営はそれほど簡単ではない。この方式が機能するためには、構成員の資質はいうまでもないが、下からの意見を吸い上げるシステムの構築が急務である。教学の問題でいえば、最小組織は専修、ついで専攻、学科、学部となっている。ところがいったん組織が出来上がると、この組織体は生き物と化し、それを防衛しようとする本能が働く。これは動物の生存本能のようなもので、あらゆる組織体の生態を示す。そのような状況のなかで、みずから組織体を変えようとする力学は下から生まれにくい。ビジョンをもったリーダーの上からの改革が重要になるゆえんである。

もうひとつはメディア戦略の重要性である。大学から社会へ発信することによって、大学のイメージは大きく変化する。発信するには大きなエネルギーが必要であるが、それが大学力をはかるバロメーターになるからだ。だからたえず大学でも話題性が求められ、広報が大学の命運を握っているといっても過言ではない。もちろん学生のスポーツ活動の活躍もその一つである。

ところが広報課にすべてを押しつけても何の解決にもならない。それは大学人全員に広報の重要性を認識してもらい、まず広報課に情報を提供するシステムを創ることが大切である。具体的には大学のホームページに、気楽に連絡することが可能な広報課の窓口を設けるならば、だれでも情報を提供できるようになる。広報課はいわばプラットホームなのである。筆者がいっているのは、現在のホームページの「大学広報」という一方的な発信型だけでなく、情報受信システムの開設のことである。集まった情報の取捨選択は広報課がおこない、トップの承認を経てメディアに発信すればよい。

つぎに学生の納付金は限られているのだから、外部資金の獲得も現代においてますます重要である。この獲得者にインセンティヴを与え、評価することは、現在、システム化されているが、問題はいかにしてそれに無関心な層に自覚をもってもらえるようにするかである。ただしそれを金科玉条にして、獲得していない人にプレッシャーを掛けるのは望ましい方法とはいえない。

たしかに教員の公募人事において、外部資金獲得を重要視する条件を発信することはできる。ただ人間の能力は多様であって、研究者として向く人と、教育者に向く人、行政手腕に優れている人などがいる。それぞれのポジションにおいて、能力を発揮する基本的な資質が重要であって、人事において多様な人材の確保が肝要である。そうすることにより、組織が活性化し、発展のエネルギーが生み出されるものといえる。

先述のように、現代では超少子化によって大学全体は構造的な危機の時代を迎えている。

手をこまねいて何もしないと、まず必ず学生の質の低下に見舞われる。その次に学生定員確保の問題が浮上する。私学の大手だと自負していても、危機はいつ現実のものになるかわからない。それは大学の浮沈の歴史が示すところである。大企業でも盤石と思えていたものが、トップの安易なかじ取りで倒産の危機にみまわれているのは、ご承知のとおりである。

終章　大きな楠木のある風景

筆者が定年退職を迎えるにあたって、個人研究室を整理していると、いまから三〇年以上も前の手書きの原稿が見つかった。それは当時の卒業生（独文）に贈った拙い詩である。関西大学正門から左へ曲がると今でも法文坂があるが、そこから見た心象風景をしたためたものだ。かつての法文の卒業生なら、学生時代に見慣れた光景が脳裏に浮かぶはずである。

当時、総合図書館はまだ建っておらず、ここには第一グラウンドが広がり、半円形の階段状のスタンドがあった。坂を登っていくとすぐ目についたのが、円形の旧図書館と楠木の「巨木」である（吹田市保護樹木指定第一号）。いまは「巨木」というよりは、建物のあいだに囲まれて、窮屈そうに佇んでいる目立たぬ樹になってしまった。青空をバックにしない楠木は、気のせいか昔より小さくなったようだ。

当時、第一学舎に法文共通の休講掲示板というのがあって、学生時代に登校すれば真っ先にこれを見た。今よりおおらかな時代で、休講であれば自由な時間を楽しんだ。現在ではネットの時代であり、休講掲示板という言葉も「死語」になってしまった。だから見つかった旧稿をパロディ化して、「旧稿掲示板」に載せるといっても、もはや何のことか分からない時代になった。しかしこれもなにかの巡りあわせかもしれないので、引用させていただく。

大きな楠木のある風景

法文坂を登り詰めると　楠木の巨木が出迎えてくれる
この樹の下を　何万人もの学生たちが去来したことであろう
かつて　第一グラウンドを見下ろしながら
活気ある　若者のエネルギーを吸い込み
大学紛争時代に　あの樹の下で起きた悲しい出来事も
毎年繰り返される　入学式と卒業式の華やぎも
すべてを包み込んで　大樹は今日もしずかに見守っている

桜のような　華やかさはなく
紅葉のように　身を焦がすこともない
楠木は一年中　なんの変わりもせずに
みどりの葉を茂らせながら
堂々と　空を覆い尽くす
大地に深く　根を張って
大樹はしずかに　あなたの未来を眺めている

誰にも知られずに　古い葉を落とし
巨木は　若葉にいのちを託す
自然のひそやかな営みは
ただ　新緑の芳香がそっと教えてくれる
しかし多くのものは　なんにも気づきはしない
その営みを知るものだけに
大樹は　やさしさを恵んでくれるだろう

日常の生活に倦み　望みを失うこともある
そんなとき　漂泊する魂の故郷に帰り
巨木に育まれた学生時代を　想い出してほしい
あの法文坂の心象風景が　青春の日々とともに甦るであろう
すると母に抱かれるような　なつかしい安らぎが
こころのなかに　しずかに広がっていき
大樹は　きっと生きる力を与えてくれるであろう

この楠木は関西大学にふさわしい木のように思える。まさに関西大学の歴史を見守っているかのようである。派手ではなく、それでいてたくましく、大地に根を張りどっしりとした存在感がある。楠木は大学の伝統に似て年月の経過とともに、年輪を重ね、成長していく。そして無言ではあるが、行き交う学生たちに大学の心象風景を伝えていく。

古来、人びとは樹木や大地を女神として崇めてきた。モノを産み出し、育むからである。とくに楠木はかつて虫よけの樟脳の原料にしたから、病気にもかからぬ強い木であった。柳田國男や折口信夫、谷川健一らの民俗学者が楠木に注目し、その大木は古代から船材として

現在の楠木

使われ、渡来してきた遠い先祖は楠木の芳香にノスタルジアを感じていたのではないかと分析している。それが楠木信仰に受け継がれているようである。

実際に日本には、樹齢二千年を超える楠木が存在するので、それほど悠久の樹なのである。多くは神社や由緒ある場所に生え、だから人びとはこれを大切に育て敬ってきた。南方熊楠もそうだが、和歌山では楠は由緒ある姓で、さらに男の子の名前に楠という字を入れる風習があったのも、楠木信仰の深い意味とつながっているというべきか。

もともと正門入り口にも楠木の巨木があり、銀杏の巨木の並木もあった。服部嘉香の学歌の「自然の秀麗」は、その心象風景を謳ったものであろう。それに育まれながら、大学は若者を陶冶し、社会に送り出してきた。だから母校というのである。決して「父校」とはいわない。学生もまた青春の一時期、ここで過ごし、社会へ羽ばたいていく。一見すると大学は通過点のようであるがそうではない。大学の心象風景はたえずこころの核となり、一生涯消えることがない。かつて故稲野治兵衛理事長が「国籍は変えられるが、学歴は変えられないのだ」といったが、それは至言である。学んだ場所の記憶は、脳裏に深く刻み込まれている。

同級生や先輩・後輩に会ったとき、すぐさま学生時代のあの日、あの場面に立ち戻れる。授業風景、試験、コンパ、数々のエピソードをともなった、当時の心象風景がよみがえり、スライドショーのように思い出の場面が次々浮かぶ。また入学式、卒業式で聞いた学歌も同様である。母校には時空を変える魔力があり、それは一種の生まれ育った故郷のような存在である。ただし母なる楠木が示しているように、それは自らも成長しながら、大学の歴史を創り出している。そのシンボルである楠木は、過去のノスタルジアだけに終わるものではなく、未来へつなぐ関西大学の伝統の連鎖を示す悠久の樹なのである。

あとがき

　本書で取り上げた対象は、主観にもとづいているから正史ではなく、エッセイ的関西大学史とでもいうべきものである。たしかにこの人脈相関図は、登場する人物のエピソードを中心に拾い上げてきたものにほかならない。ご承知のようにすでに膨大な文献を駆使し、多くのスタッフと労力を投じて完成した実証的な年史編纂室の『関西大学を築いた人々』や『関西大学百年史』を代表とした、そのつどの記念誌がある。本書にはそこに載っていないエピソードや伝説もかなり多く含まれているが、このエピソード集など、たわいもないその場限りの時間つぶしではないかと考える人も多い。世間でエピソードを軽視する風潮があることは承知している。

　しかし本文中にも書いたが、幾多の授業を聞いたなかで、頭に残っているのはほとんど、先生方が雑談でしゃべったエピソードであり、友人との会話のエピソードにほかならない。司馬遼太郎の真骨頂は「余談ではあるが……」というエピソードの部分にあることに気づいた読者も多かろう。振り返ってみれば、膨大な関西大学の正史を、最初から最後まで読んだ人が何人いるだろうか。もちろんその正史である年史編纂作業は、重要な歴史的価値があるのはいうまでもない。しかしそれと異なるエピソードの連鎖でも、手に取って読んでもらえたら、それはそれで社会的責任を果たしたことにならないであろうか。

エピソードは人間の記憶中枢の脳の海馬のなかに残り、たえず情景をともない鮮明によみがえる。この連鎖が思い出なのである。それに対して意味記憶は、肝心の学問の記憶であるにもかかわらず、忘却の遠い彼方に追いやられ、呼び戻せないのである。これが人間の脳の悲しい特性なのだ。そのためエピソードはあらゆる芸能や文芸の出発点になる。メルヘン、伝説、そして小説も、もとは小話であるエピソードを脚色や再構築することによって成立したものである。落語すらも話の出発点はエピソードという特性をもっている。

といってもエピソードは主観にもとづく傾向が強いので、本書では客観性をじゅうぶん配慮した。すなわち比較文化論的な方法に依拠し、明治、大正、昭和の日本の歴史の流れと、関西大学の歴史をパラレルに横軸に据え、縦軸には大学のリーダーや関係者のエピソードを織り込んだ。タイトルは関西大学の歴史のなかで、学歌創設がもっとも重要なゲマインシャフト創成の核心部であり、大正ロマンの芸術的潮流のなかで生まれたので、それをクローズアップするために付けた。

読者対象はまず関西大学OB・OGないし関係者であるが、それ以外の方でもできるだけ関心を持っていただけるよう、一般的な話題づくりにも工夫をこらした。日ごろあまり触れることのない関西大学の一三〇年の歴史的ドラマを気楽に読んでいただけたら、まことに幸甚である。このような歴史上の先人たちの足跡をたどったのは、関西大学に長年お世話になったささやかな恩返しのつもりである。

さて、あとがきで個人的なことに触れるのをお許し願いたい。筆者は四〇年以上にわたって長年、文学研究とか文化研究とか、ほとんど世の中にすぐに役立ちそうにないものに携わってきた。文科系の学問の多くは本来、そうなのかもしれない。しかし若いころは池田市にある自動車会社のダイハツ工業（株）の研究所に勤めていて、五年間、エンジン関係の材料の開発に従事してきた。ここでは仕事の目標が明確であった。

会社で学んだことは、何か新しいことを試みるという理科系の明確な発想と、研究報告書を「納期内」に提出するという、モノを書く訓練であった。ありがたいことに、上司は研究結果の提出用のレポートの下書きに目をとおして、赤を入れてくださった。今から考えると、理科系の人ながらこの上司は稀に見る文才のある人だった。

報告書は本来、形式的な記録文書で、客観的なデータをまとめればいいと思っていたが、上司は書くということは読み手をたえず想定し、内容をわかり易く伝える工夫をすべきだという考え方だった。そのために相手に読んでもらう見出しや表現、改行のリズムを学んだのも、この上司からである。数年しか年齢が離れていない兄貴のような存在であったが、「数行で改行すると読みやすいんだよ」と、懇切丁寧にノウハウを教わった。ほかでは誰からもそんなことまで指導してもらったことはない。

当時はちょうど、一九六〇年代の自動車貿易の自由化を控え、自動車メーカーは外国車との競争に戦々恐々としていた時代であった。筆者はたまたまドイツ車の「解体グループ」の一員として、エンジンの材質の調査を命じられていた。分解し調査してみると一同、ドイツの技術力の高さに舌を巻き、メンバーは謙虚にドイツのノウハウを習得しようということになった。今から考えると、これはドイツの工場制マイスターの職人技であったと思うが、それに触発されて、ドイツ語の技術文献が読めなければ話にならないと痛感した。上司に相談してみると、ぜひドイツ語をマスターして、会社に貢献してほしいといわれた。

そこで残業を免除していただき、勤めながら、当時、池田市に住んでいたので、最も近い大阪市内の天六（天神橋筋六丁目）にあった関西大学二部（夜間部）に入学することにした。

若かったから勤労学生の生活はそれほど苦にならなかった。昼食が終わると誰もいない研究所の屋上でドイツ語の単語を覚えた。しかしそのうちに、自分はだんだん技術系の仕事より、文科系に向いていると思った。そこで指導を受けていた文学部独文の小川悟先生に身の振り方を相談にあがったとき、先生は「浜本君、メシが喰えるか喰えないかを問うてはならん。学問をせよ、学問に対してはつねに野心をもて！」とおっしゃった。

結局、便宜を図ってくれた理解ある上司に、会社をやめることを告げ、恩をあだで返すような結果になってしまった。こうして、文科系の分野に足を踏み入れたわけであるが、大学院修了後、最初に奉職した関西医科大学教養部で、坂井洲二教授（現名誉教授）に出会った。先生はドイツ民俗学の日本における草分け的な研究者で、当時、魔女狩りの問題に精力的に取り組んでおられ、いくつかの本をすでに出版されていた。筆者にとってはいままで聞いたことのない分野であったが、とても新鮮な研究対象で、多くのことを教えていただいた。

関西大学在職中でもいろいろな偶然が重なり、商学部の故寺尾晃洋先生（商学部長）にはお世話になった。僧籍のある先生で、大谷大学で学ばれておられた頃は、禅研究の第一人者であった鈴木大拙の直弟子であった。近所に住んでいたので、よくお宅へ呼ばれて鈴木大拙ゼミの話を伺い、お好きだった哲学談義に花を咲かせた。その後、寺尾先生を通じて、経済学部の故杉原四郎先生（関西大学経済学部長、甲南大学学長）を紹介していただいた。そのおかげで、杉原先生に平凡社への出版の道筋をつけていただき、筆者の博士論文を単行本として世に出すことができた。

人脈という言葉は誤解を招くおそれがあるが、本書の登場人物でも同様に、出会いというのは人生を変えるほどの力をもっていることがわかる。自分に当てはめてみても、理科系の仕事から、偶然が重なったとはいえ、多くの先生方との出会いによって、研究対象を文学から民俗学や比較文化論へと広げることができた。それは従来の専門を極めるというスタイルではなく、自由な発想で横断的にモノを考えることに大いに役立った。小川先生がいっていた「野心」とは、人のやっていないテーマにチャレンジすることなんだなと気付き、自分の研究を世に問う気になった。

小川先生がお元気なころ、近くに住んでいたので、先生は「ちょっと邪魔していいか」と何の予告もなくよくわが家にこられた。先生はそこでひとしきり、ご自分の取り組んでいる推理小説の構想と「江戸川乱歩賞」の夢を語り、「ところで今何を書いていますか」と尋ねるのが習慣であった。その小川先生が今でもまたあらわれるような気がする時がある。本書を見て、「浜本君、今度の本はおもろかったな」といってもらえるだろうか。

本書の出版に際しては、いろいろな方がたのお世話になった。まず外国語学部の和田葉子教授、文学部の増田周子教授には丁寧な推薦状を書いていただいた。出版委員会では前文学部出版委員の井上泰山教授のお手をわずらわせた。本書のサブタイトルの「夢の顔たち」という表現は、関西大学でも教授として奉職された故山下肇先生の『ドイツ文学とその時代—夢の顔たちの森—』（有信堂）のサブタイトルから拝借した。これはドイツ文学史に登場する作家たちを系統的にまとめたものであるが、作家たちがつながりながら、その時代を浮き彫りにするという意味において使わせていただいた。

執筆の際には、関西大学年史編纂室の熊博毅さんにいろいろご教示を受け、図版の提供もしていただいた。なお実際の編集作業には、関西大学出版部の岡村千代美さんのご協力を得た。末筆になってしまったが、多くのご厚情に対し、記してみなさまにこころからお礼を申し上げる。

二〇一七年七月

浜本隆志

著者紹介

浜本　隆志（はまもと　たかし）

1944年、香川県生まれ。ダイハツ工業（株）研究所に勤務しながら、1966年関西大学文学部二部（夜間部）入学、1972年大学院文学研究科修士課程修了。関西医科大学教養部専任講師を経て、関西大学文学部助教授、教授、文学部長を歴任し、現在、名誉教授、大学評議員。

主要著作［単著のみ記載］

『ドイツ・ジャコバン派―消された革命史』（平凡社、1991年）
『鍵穴から見たヨーロッパ―個人主義を支えた技術』（中公新書、1996年）
『ねむり姫の謎―糸つむぎ部屋の性愛史』（講談社現代新書、1999年）
『紋章が語るヨーロッパ史』（白水社、1998年／白水uブックス版、2003年）
『指輪の文化史』（白水社、1999年／白水uブックス版、2004年）
『アクセサリーが消えた日本史』（光文社新書、2004年）
『魔女とカルトのドイツ史』（講談社現代新書、2004年）
『モノが語るドイツ精神』（新潮選書 2005年）
『拷問と処刑の西洋史』（新潮選書、2007年）
『「窓」の思想史：日本とヨーロッパの建築表象論』（筑摩選書、2011年）
『海賊党の思想―フリーダウンロードと液体民主主義』(白水社、2013年)
『バレンタインデーの秘密―愛の宗教文化史』(平凡社新書、2015年)
『シンデレラの謎―なぜ時代を超えて世界中に拡がったのか』（河出ブックス、2017年）
『ナチスと隕石仏像―SSチベット探検隊とアーリア神話』（集英社新書、2017年）

関西大学と大正ロマンの世界
―「夢の顔たち」の人脈ヒストリア―

2017年9月1日　発行

著　者　浜　本　隆　志
発行所　関　西　大　学　出　版　部
〒564-8680 大阪府吹田市山手町3丁目3番35号
電話 06(6368)1121 / FAX 06(6389)5162
印刷所　株式会社 図書印刷 同　朋　舎
〒600-8805 京都市下京区中堂寺鍵田町2

ISBN978-4-87354-661-2　C3021　